コロナ移住のすすめ

2020年代の人生設計

藻谷ゆかり
Motani Yukari

毎日新聞出版

コロナ移住のすすめ　２０２０年代の人生設計

目次

はじめに …… 11

第1章◉地方移住の背景にある3つのパラダイムシフト …… 21

1　メンバーシップ型からジョブ型へ

2　専業から複業へ

3　所有欲求から存在欲求へ

第2章◉地方移住の前に考えたい3つのポイント …… 33

1　WHY・WHERE・WHATが重要

2　客観・主観・直観で考える

3　生涯可処分所得と生涯可処分時間を考える

コラム　地方移住したくてもできない3タイプ

第3章◉地方移住のリアルな暮らしと生活費……45
1　所得についての考え方
2　住居費を大幅に削減
3　食生活を充実させても食費を削減
4　健康的な生活を送り医療費を削減
5　水道光熱費の実情
6　意外にかかる自家用車の費用
7　子育ての環境と教育費
8　地方移住の総決算
コラム　地方の人間関係
コラム　長野県は教育県か？
第4章◉Iターン移住して複業する……65
事例①ドーナッツ屋経営と教育スタッフを複業
［長野県佐久穂町　塚原諒さん］

事例②木材店とゲストハウスのスタッフを複業
［岩手県花巻市　外山大貴さん］
事例③会社員から酪農ヘルパーに転職、夫婦で複業
［長野県伊那市　澤西良和さん、光子さん］
事例④地域のこし協力隊から、古民家民泊と酒米づくりを複業
［新潟県妙高市　諸岡龍也さん］
コラム　地域おこし協力隊について

第5章●Iターン移住して同じ仕事をする …… 89

事例⑤満員電車での通勤に耐えられず地方移住
［長野県上田市　山本祐介さん、美香さん］
事例⑥大手出版社を辞めて移住、さらに二拠点生活に踏み出す編集者夫婦
［長野県　田中健二さん、奈緒美さん］
事例⑦パン屋の店舗を東京から長野に移転、製造方法を変え、働き方改革を推進
［長野県上田市　石窯パン　ハル経営　春野仁宣さん、里美さん］

第6章●Iターン移住して起業する……107

事例⑧ホンダのエンジニアがチーズ職人に、地域資源を活かしたチーズ作りに挑戦
［長野県佐久市　株式会社ボスケソ代表取締役兼CCO（最高チーズ責任者）
是本健介さん］

事例⑨お試し移住と二拠点居住を経て大手食品会社を脱サラ、カレー屋を起業
［長野県佐久穂町　カレー屋ヒゲめがね経営　豊田陽介さん］

事例⑩老舗の温泉旅館を再生後、秘境の温泉旅館の救済にチャレンジ
［長野県山ノ内町　株式会社ヤドロク代表取締役社長　石坂大輔さん］

事例⑪「地方に来る、棲む、働く」をプロデュース、肩書きなしで活動
［長野県塩尻市　たつみかずきさん］

コラム　地方移住のレジェンド　玉村豊男さん

第7章●決まった地域に移住して同じ仕事をする……143

事例⑫「孫ターン」で家賃ゼロ円　夫婦ともにフリーランス
［長野県東御市　グラフィック・デザイナー村上かおりさん、カメラマン村上圭一さん］

事例⑬「ゆるい移住」で福井県と縁、結婚後も東京と福井の二拠点生活
［福井県勝山市　フリーライター　江戸しおりさん］
事例⑭私立小学校入学のために教育移住
［長野県佐久穂町　毎日新聞長野支局記者　坂根真理さん］
コラム　孫ターンなど様々な移住のパターン
コラム　全国で増え続ける廃校の活用法

第8章◉Uターン移住して新しい仕事をする……167
事例⑮空き家再生のNPOを設立し、尾道の景観を守る社会的起業
［広島県尾道市　NPO法人尾道空き家再生プロジェクト　豊田雅子さん］
事例⑯ニートから起業してUターン、国内最大級の古書流通会社に成長
［長野県上田市　株式会社バリューブックス代表取締役社長　中村大樹さん］
事例⑰予期せぬUターン移住、収入減をいとわず町議会議員に
［長野県立科町　町議会議員　今井英昭さん］
事例⑱ロボコン世界大会出場のリケジョが、ソウルフードを守るためUターンし事業承継
［佐賀県小城市　竹下製菓株式会社代表取締役社長　竹下真由さん］

事例⑲元コンサルタントが家業を継ぎ、中小企業専門M＆A仲介会社を起業
〔長野県長野市　アスク工業株式会社代表取締役社長、東京都港区　株式会社トランビ代表取締役　高橋聡さん〕
事例⑳岩手の木材会社と東京のＩＴ企業をパラレル経営、デパート大食堂も再生
〔岩手県花巻市　株式会社小友木材店代表取締役　小友康広さん〕
おわりに　"Learn to unlearn"……217
主要参考文献……221

◉装丁・本文レイアウト＝常松靖史［TUNE］
◉装画＝ takagix/PIXTA
◉オビ写真提供＝新山定住促進協議会
◉組版＝キャップス

コロナ移住のすすめ　２０２０年代の人生設計

はじめに

今この本を手に取ったあなたは、満員電車での通勤や「密」な空間でのオフィスワークの必要性に、疑問を持つようになった一人ではないだろうか。２０２０年春から流行した新型コロナウイルス感染症は、都会を中心に拡大し、都会に住んで働くリスクが顕在化した。そして２０２０年４月７日に日本政府から緊急事態宣言が出されたことにより「ステイホーム」を余儀なくされると、テレワークやオンライン会議の導入が格段に進み、都会での働き方が大きく変わった。

内閣府が全国の約1万人を対象に、２０２０年5月25日から6月5日にインターネットで実施した「新型コロナウイルス感染症の影響下における生活意識・行動の変化に関する調査」の結果では、コロナ自粛でテレワークを経験した割合は全国で34・6％であるが、東京圏では48・9％と半数近くがテレワークを経験した。また同調査で「今回の感染症拡大前に比べて、仕事への向き合い方などの意識に変化があった」と回答した割合は全体の57％で、「仕事より生活を重視するようになった」と回答した割合は全体の50％と、今回のコロナ禍で半数以上の人が、仕事や生活についての意識に変化が起きたとしている。さらに同調査によると、三大都市圏の居住者で地方移住への関心が「高くなった」「やや高くなった」人は15％であったが、東京23区内に住む20代に限ると、その割合が35・4％にもなる。つまりコロナ禍をきっかけに、都会に住む若い世代の三人に一人が、地方移住に関心を持つようになったことがわかる。

地方移住というと「定年後に地方移住してのんびり暮らす」というイメージが強かったが、最近は若い世代の地方移住希望者も増えている。東京・有楽町駅前にある「ＮＰＯ法人ふるさと回帰支援センター」の来訪者・問い合わせ数（次ページ・上グラフ）は２０１５年から急増しているが、センター利用者の年代の推移（次ページ・下グラフ）では、20代から40代の「現役世代」の比率が年々高くなり、２０１５年以降は約7割を占めるようになっている。２００８年は利用者の約7割が50代以上だったので、その比率が逆転しているのだ。

従来の「定年後の地方移住」と、今起きている「現役世代の地方移住」の違いを16ページの表のようにまとめた。現役世代の地方移住では、働いて収入を得なければならず、地方でどのような仕事をするか、暮らしや生活費が地方移住でどうなるかが気になるところ

来訪者・問い合わせ数推移（東京：2008～2019：暦年）

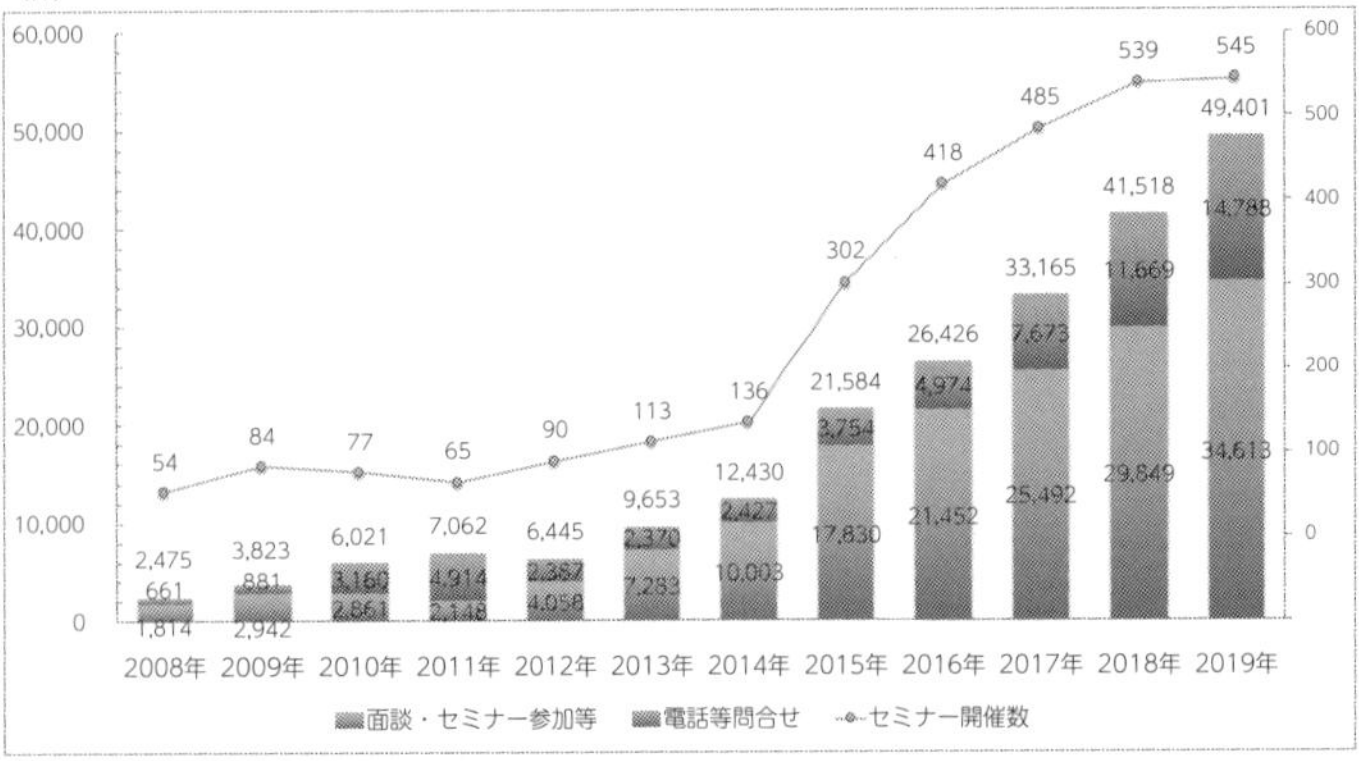

センター利用者の年代の推移（東京：2008-2019：暦年）

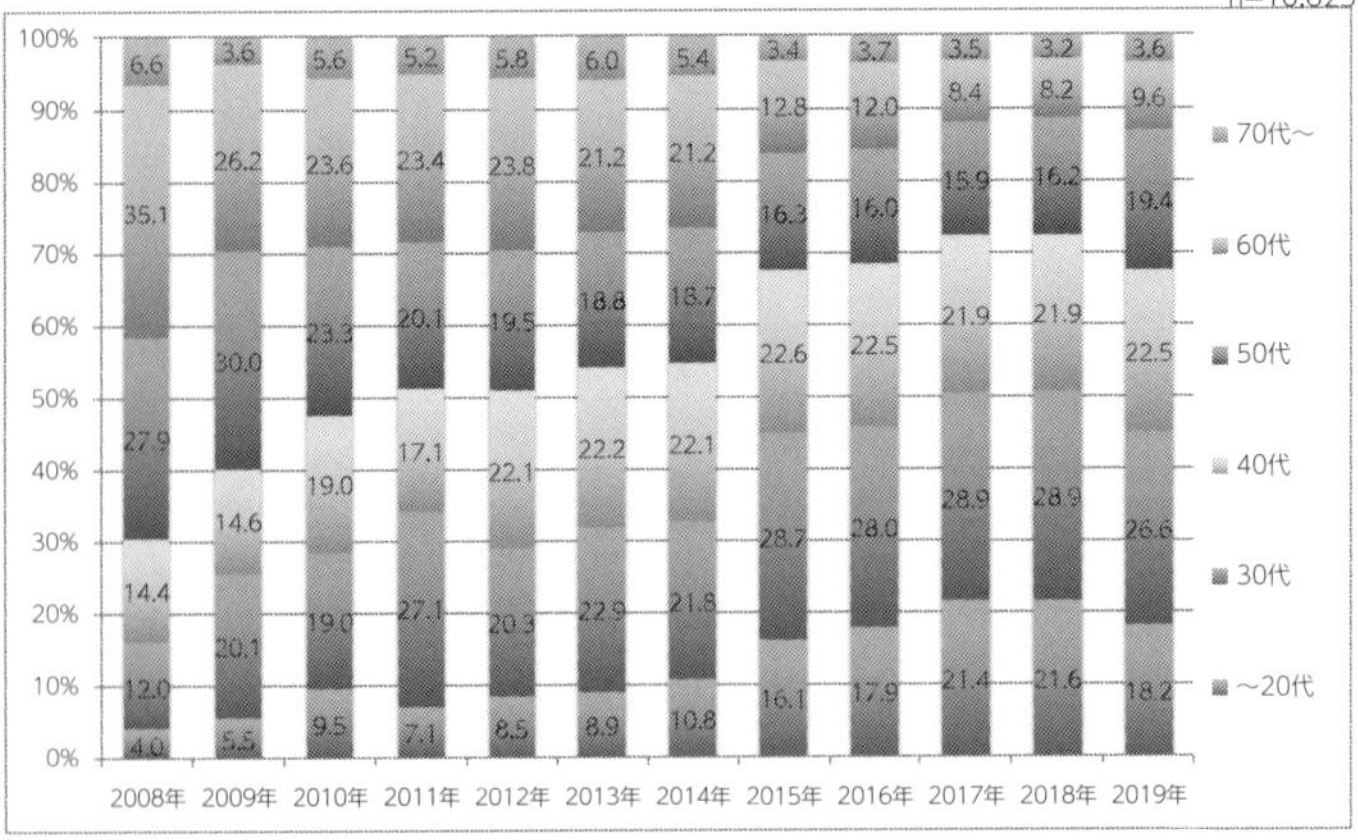

出典：NPO 法人ふるさと回帰支援センター　2020年２月のプレスリリースより

だろう。

実は私自身、地方移住の経験者である。夫が40歳、私が38歳の2002年3月に、家族5人で千葉県浦安市から長野県北御牧村《きたみまき》（現在の東御市《とうみし》）に移住した。長野県に移住したのは、都会での過酷な受験戦争を回避し自然の中で3人の子供たちを育てたかったことと、自然豊かな環境で暮らしたかったからである。そのために、移住する前に夫婦それぞれが起業して、都会でしていた仕事を地方でもできるように準備をした。

私はインド紅茶のネット通販会社を1997年に千葉県で起業し、2002年にオフィスを長野県に移転、2018年に事業譲渡した。現在は「地方移住×起業×事業承継」についての講演と執筆をしている。夫は国際エコノミストの藻谷俊介で、1996年に経済調査会社をパートナーと創業して共同経営している。夫は長野県の自宅で経済分析の仕事をし、用事があれば東京のオフィスに行く。つまり18年前から長野でテレワークをし、長野と東京の二拠点で仕事をしてきた。

	従来の地方移住	今の地方移住
年齢	50代〜60代	20代〜40代
住居	退職金や都会の家の 売却資金で地方に家を新築	まず賃貸住宅、その後に自宅取得 安い中古住宅をリノベーション
仕事	年金があり働く必要なし 畑仕事やボランティア	現役世代なので働く必要がある
教育環境	特に関心なし	関心が高い
車	夫婦1台でOK	夫婦で2台必要

本書では私たち同様、コロナ禍以前に地方移住をした現役世代の20事例を紹介している。２０１１年の東日本大震災をきっかけに都会での生活に不安を持って移住をしたり、満員電車での通勤に耐えられなくなり地方の企業に転職したりなど、それぞれの移住理由や働き方がある。また出身地にUターンをして、家業を継ぎながら地域活性化に取り組む事例も取り上げている。なお本書のUターン移住の事業承継は、いずれも承継前から経営がうまくいっている事例だが、経営危機にあった地方企業を事業承継して経営改革した事例については、私の前著『衰退産業でも稼げます 「代替わりイノベーション」のセオリー』（新潮社）で16事例を紹介しているので、ご興味のある方はぜひお読みいただきたい。

本書では20の移住事例を紹介する前に、地方移住についての考え方や知っておきたい知識を紹介している。まず第1章では、「地方移住の背景にある3つのパラダイムシフト」として、①メンバーシップ型からジョブ型へ、②専業から複業へ、③所有欲求から存在欲求へを論じている。そして第2章では「地方移住の前に考えたい3つのポイント」を紹介し、第3章では、「地方移住のリアルな暮らしと生活費」を8つの項目について、私の18年間の移住生活や子育て経験から詳述する。

本書に登場する20の移住事例を18ページのマトリックスのようにまとめた。縦軸は、Iターン移住のように候補地を探す事例と、Uターン移住のように移住地が決まっている事例とに二分している。横軸は、移住前後の仕事の違いで分類している。

本書の事例は長野県の事例が多いが、それは私が長野県に移住しており、実際に魅力的な移住者たちと出会う機会が多いという理由がある。また長野県は、宝島社発行の『田舎暮らしの本』の読者アンケートで「移住したい都道府県」の第1位に14年連続でなっており、すでに多様で興味深い移住事例の蓄積がある。

	移住地を探してＩターン移住	移住地が決まっている （Uターン移住等）
複業する	第４章 ①ドーナッツ屋と教育スタッフ ②木材会社社員とゲストハウススタッフ ③酪農ヘルパーとITスタッフ ④古民家民泊と酒米づくり	
同じ仕事をする	第５章 ⑤満員電車が嫌で転職した会社員 ⑥独立した編集者・ライター ⑦都会から店舗移転したパン屋	第７章 ⑫「孫ターン」のデザイナーとカメラマン ⑬「ゆるい移住」のフリーライター ⑭「教育移住」した新聞記者
新しい仕事をする	第６章 ⑧チーズ工房を起業 ⑨カレー屋を起業 ⑩老舗旅館を再生 ⑪「地方に来る、棲む、働く」をプロデュース	第８章 ⑮Uターンで空き家再生の社会的起業 ⑯ニートから起業してUターン ⑰Uターンで町議会議員 ⑱Uターンで家業を事業承継 ⑲家業の事業承継とM&A仲介会社を起業 ⑳IT企業＆木材業＆地域再生

例えば、長野県佐久穂町《さくほ》に移住した豊田陽介《とよだようすけ》さん（事例⑨）は、大手食品メーカーを退職し、カレー屋を起業した。コロナ感染予防に十分な配慮をしながら、２０２０年6月にカレー屋を開業したが、予測の倍以上の売上があり、順調なスタートを切っている。前日夜に行うカレーの仕込みに5時間かかるため、週４日ランチだけの営業にすることで、家族との時間を十分にとる工夫をしている。

本書には今までの移住の本にあるような「サーフィンが好きで、海辺の町に移住したIT企業の社長」は出てこない。本書の事例として登場する人々の多くは、都会でのストレスが多い生活や働き方に悩み、地方移住をして自分に合う働き方を模索しながら、「くらしとなりわい」を立てている。

本書の20事例を読むことで、あなたも20通りの人生の旅を疑似体験することになる。人生においては何事にもメリットとデメリットがあるが、例えば地方移住では職住近接で自由になる時間が増える一方、所得が下がる可能性がある。しかし本書に登場する人々のように、地方移住のメリットとデメリットを比較し、本書で提唱する「生涯可処分所得」と「生涯可処分時間」を合理的に考えれば、２０２０年代の人生設計において、地方移住は現実的な選択肢となることがわかる。

地方移住はリスクが大きい冒険と思われがちだが、それは本当だろうか？　都会に住むリスクに気づいた人たちは、すでに「好きな場所で、好きな仕事をする人生」を送っている。今回のコロナ禍は、今までの働き方や暮らし方を見直して、「コロナ移住」を具体的に考えるきっかけになるだろう。本書を手がかりに、読者が地方移住という新しいフロンティアへ踏み出すことを私は期待している。

第1章◉地方移住の背景にある3つのパラダイムシフト

私は様々な地方移住のフィールドリサーチを行った結果、最近の地方移住の背景には、①メンバーシップ型からジョブ型へ、②専業から複業へ、③所有欲求から存在欲求へ、という3つのパラダイムシフトが起きていることに気がついた。それぞれについて、本章で具体的に説明してみよう。

1 メンバーシップ型からジョブ型へ

日本型の雇用形態（終身雇用・年功序列）は「メンバーシップ型」の代表例である。新卒の学生を学歴や人柄などのポテンシャルで採用し、転勤を伴いながら様々な職種を経験させる。これが俗に「就社」という形で雇用される「メンバーシップ型」である。それに対して欧米等での雇用形態は「ジョブ型」と呼ばれ、ジョブ・ディスクリプション（職務記述書）に書かれた職務内容とポジションに対して募集が行われ、そのジョブに最適と思われる候補者が雇用される。

「メンバーシップ型」の基盤である終身雇用は、第二次世界大戦後の高度成長期に労働力不足が深刻となり、安定的な労働力を確保するために導入された。また当時の熟練工は少しでも条件が良いと転職することがあったため、終身雇用に加えて年功序列が導入されたといわれている。こうして「同じ会社に長く勤めると有利になる」終身雇用と年功序列がセットになった「メンバーシップ型」が日本企業の雇用形態として定着した。しかしバブル経済崩壊後に、新卒の採用を控える「就職氷河期」が始まり、また１９９６年の労働者派遣法の改正等により、非正規雇用労働者が増加するようになる。そして１９９７年に消費税が５％に引き上げられ金融危機が起こると、さらに雇用情勢が厳しくなり、「就職氷河期」は２００５年まで続いた。「就職氷河期世代」とは１９７０年から１９８４年生まれの人々を指すが、本書の事例に登場する人の多くは、まさに「就職氷河期世代」である。

さらに今回のコロナ禍で働き方が見直され、従来の「メンバーシップ型」から「ジョブ型」の雇用形態を検討する企業が出てきている。「ジョブ型」という言葉は、近年は様々な使い方をされているが、本書では「スペシャリストとして行うジョブの対価として報酬を受け取るフリーランス」、もしくは「スモールビジネスの経営者」を、「ジョブ型」の働

	メンバーシップ型	ジョブ型
職種	ゼネラリスト	スペシャリスト
働く場所	転勤がある	自分で決める
仕事	上から与えられる	自分で決める
報酬	組織に属していることと 仕事への対価	仕事への対価
定年	定年がある	定年がなく働ける

き方とする。「メンバーシップ型」と「ジョブ型」の主な違いを比較すると上のようになる。

「メンバーシップ型」と「ジョブ型」について、地方移住して「ジョブ型」の起業をした本書の事例に登場する2人の意見を紹介する。株式会社本田技術研究所にエンジニアとして17年間勤務し、チーズ職人に転職した是本健介《これもとけんすけ》さん（事例⑧）は、空気力学の博士号を取得して就職したため、入社後の仕事が明確な「ジョブ型」での雇用だった。しかし入社してからはジョブ・ローテーションがあり、上から仕事を与えられる「メンバーシップ型」の雇用に変わっていったとのことだ。

また是本さんは「大企業のメンバーシップ型」と「スモールビジネスのジョブ型」で働くことの違いについて、

「従事していたエンジンなどの開発は製品化まで年数がかかるが、チーズ職人になってからは製品化が早い。また消費者の感想がダイレクトに届くのが魅力です」と語る。

一方この違いについて、ハウス食品株式会社に17年間勤務した後、カレー屋を起業した豊田陽介さん（事例⑨）は、「会社で働いていた時は、エンドユーザーである消費者との距離がありましたが、カレー屋をやっているとお客様が喜ぶ姿を直接見ることができて楽しいし、やりがいがあります」と語る。

また豊田さんは、「会社員のころは、転勤のことが心配でした」と指摘する。ハウス食品は全国に営業所が、アメリカや東南アジアなどには海外拠点がある。どこに転勤するかわからないのは大きなリスクで、家族の状況によっては単身赴任になることが気になっていたという。そして「私の場合には家族愛が強いので、地方移住して起業する『ジョブ型』を選びました」とのことだ。

ＧＡＦＡなど一部の会社組織は巨大化し、今や国家すら超えるほどの存在になっている。

さらにＡＩが支配的な社会になれば、「メンバーシップ型」の雇用機会は一層少なくなり、個人が独自の力を発揮する「ジョブ型」の働き方が重要となってくるだろう。そしてこの「ジョブ型」の働き方は、後述する「専業から複業へ」と、「所有欲求から存在欲求へ」という２つのパラダイムシフトとも関係しているのである。

2 専業から複業へ

地方移住の背景にある第二のパラダイムシフトは、「専業から複業へ」である。これは第一のパラダイムシフトで「メンバーシップ型からジョブ型へ」移行することで、複数のジョブを掛け持ちする働き方がやりやすくなるからである。

「ジョブ型」で「複業」をするメリットとしては、収入源を複数にして、自分の仕事が時代遅れになってしまうリスクを軽減できることや、「複業」することで自分のビジネス領域を広げることができることがある。一方で、仕事の専門性を高めるという点ではデメリットもあるだろう。

ここで重要なのは「複業」であって、「副業」ではないことだ。「副業」とは「メンバーシップ型における専業」に対して、「空き時間に行う副次的な事業」、すなわちサイドビジネスである。本書の「複業」は、「いくつかのジョブを掛け持ちして生計を立てていく」ことで、どの仕事も本業なのである。

もともと地方では「複業」でなりわいを立てていることがある。例えば農業では、全国の農家の約7割は、農業と勤め人の両方をしている兼業農家である。さらに農家を意味する「百姓」という言葉は、「百の仕事をする人」という意味がある（由来については諸説ある）。農業で米や野菜を生産するためには、作付けや収穫の農作業だけでなく、農地や農機具の整備などの準備作業も不可欠だ。さらにその地域で水路の管理など様々な仕事をこなして、農業がなりわいとして成立している。

また地方は都市部に比べて共働き率が高い。総務省の「就業構造基本調査」２０１７年版によると、全国の共働き率は48・８％だが、大都市周辺は共働き率が低く、一方、首位の福井県は60％と北陸地方は全般に高い傾向にある。共働きは、すなわち「夫婦で複業」していることであり、この本の移住事例のほとんどが「夫婦で複業」している。

3 所有欲求から存在欲求へ

地方移住の背景にある第三のパラダイムシフトは、豊かさを感じる指標が「所有欲求から存在欲求へ」と変化していることである。神野直彦東大名誉教授は『「人間国家」への改革』（NHK出版）で、「スウェーデンの環境の教科書では『所有欲求と存在欲求』というフレームワークを教えている」と紹介し、日本人は戦後、工業社会の進行でモノを所有することで豊かさを感じてきたが、これからは人間としての存在感で豊かさを感じるとしている。「所有欲求から存在欲求へ」のパラダイムシフトは、換言すれば、「物質主義から精神主義へ」の移行ともいえる。

「所有欲求から存在欲求へ」のパラダイムシフトは、「メンバーシップ型からジョブ型へ」とも関係している。戦後の高度成長期からバブル経済期にかけて、日本人は「メンバ

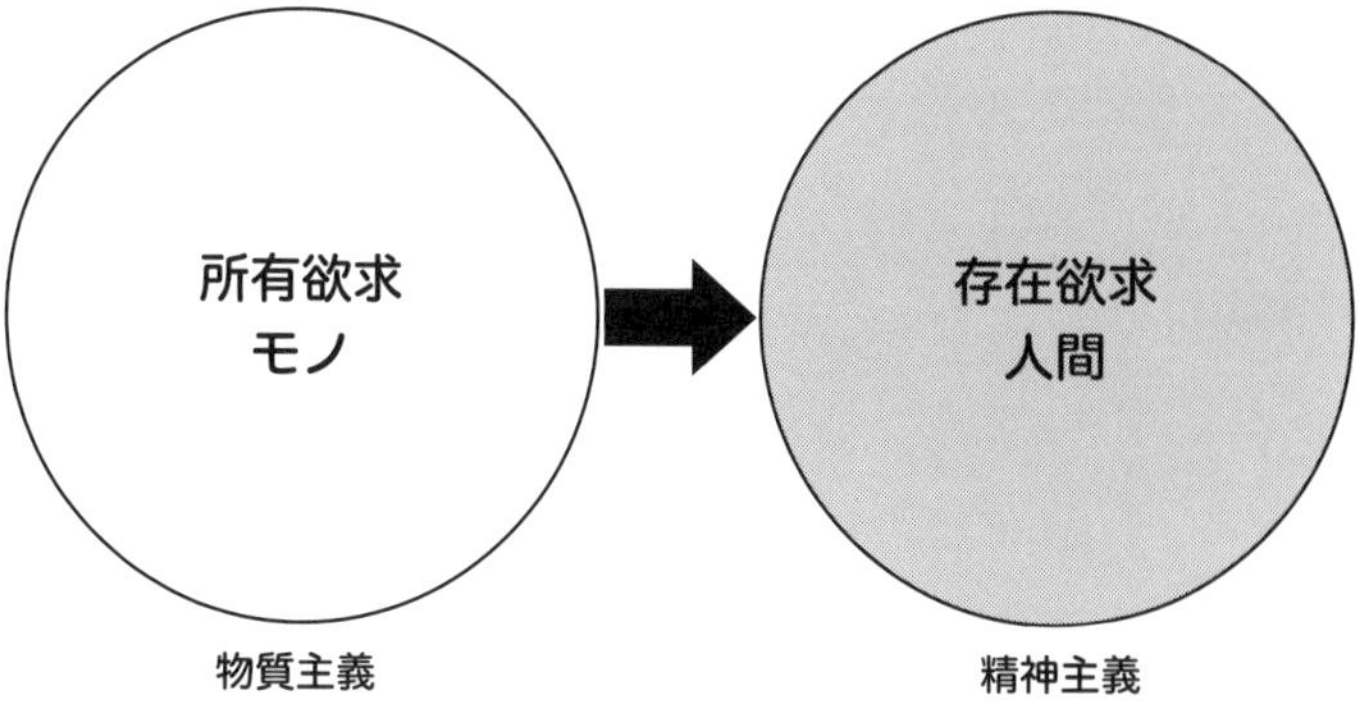

ーシップ型」の雇用のもと、ローンを組んで家や車などのモノを所有することで、豊かさを感じてきた。ところが「ジョブ型」の働き方になると、そのジョブを提供する人間の存在がより重要になる。

本書で事例として登場する「就職氷河期世代」の一人は、「物心がついたころにはすでにモノがあふれた豊かな時代になっていた」と語っている。その世代にとってはそもそも「所有欲求」が満たされているので、相対的に「存在欲求」を重視するようになる。

また地方移住すると、「所有欲求」そのものが少なくなることが事例インタビューからわかってきた。本書の取材で出会った30代の男性は、「大自然の中で暮らしていると、近くに店がなくて不便だと感じるより、物欲そのものがなくなります」と語った。

さらに事例⑥のライターの女性は、「移住してからは、外食もせず洋服もほとんど買わないシンプルな生活を送っていますが、地方での生活の満足度は高いです。村の直売所で地元産の新鮮な野菜を安く買って、ゆっくり料理をする時間を楽しむことができます。何よりも地方で暮らすと、お金がないことでみじめな気持ちにならないのです」と語っている。このように地方移住することで、都会で持っていた「所有欲求」が相対的に少なくなるのだ。

また「存在欲求」について、事例⑳で登場する小友康広さんの言葉を紹介する。小友さんは東京のＩＴ企業の取締役と花巻の木材会社の社長を「複業」するパラレル経営者であるが、「誰もやっていないことや、過去に誰かが失敗したことに挑戦する時が一番燃えます。つまり『自分はユニークな存在だ』と感じることで、それが一番大切にしている価値観です」と語る。

このように今の若い世代は、モノを所有して豊かさを感じる「所有欲求」よりも、人間としての存在を期待される「存在欲求」を大切にする価値観を持っている。そういう人にとっては、人口が少なく、未開のフロンティアが広がる地方は、都会よりも「存在欲求」が満たされる機会が多くなるだろう。

第2章◉地方移住の前に考えたい3つのポイント

この章では、実際に地方移住する前に考えたい3つのポイントについてまとめてみる。

1 WHY・WHERE・WHATが重要

地方移住で重要なのは、「WHY」、「WHERE」、「WHAT」である。すなわち「なぜ地方移住するのか」、「どこに移住するのか」、「そこで何の仕事をするか」である。特に一番大事なのが「WHY」である。ここが明確でないと地方移住はうまく行かないだろう。またその際に重要なのは、「主体的に考える」ということである。そうすることで「強いWHY」が見えてきて、そこから「どこに移住するか」、「何を仕事として暮らしていくか」につながってくる。

地方移住する理由には、様々なものがある。「この町が好きだから」とか「この風景を見て暮らしたいから」という前向きな感情からの移住理由もあるだろう。また我が家の移住理由のように「都会の中学受験を経験させたくないから」とか、事例⑤の山本さんの「満員電車の通勤が苦痛だから」というように何かを回避するための移住理由もある。これらはいずれも「強いＷＨＹ」になりうる。

本書はコロナ禍をきっかけに「コロナ移住」を考えはじめた人のための本であるが、「コロナ禍で都会が嫌になったから」といった漠然とした理由では、移住目的がはっきりせず、単なる現実逃避になってしまう。「コロナ禍で、都会の狭い自宅が嫌になって、地方の広い一軒家に住みたくなった」など、より具体的に「何を求めて地方移住するか」を明確にした方がいい。地方移住しても嫌なことを経験する可能性があるので、「強いＷＨＹ」を持たないと、地方移住がうまくいかないことになる。

２ 客観・主観・直観で考える

地方移住を決心した後に、「どこに移住するか」に悩む人も多いだろう。出身地に戻るＵターン移住の場合には迷いがないが、出身地以外の場所に住むＩターン移住の場合には、移住候補地が日本全国に広がる。最初はまず、東京からの所要時間など「客観」的な基準で判断していく。次に移住候補地に実際に行ってみると、自分がその土地に対してどういう感情を持つかといった「主観」的なことがわかる。そして最終的に地方移住の地を決めるのは「直観」であると私は考える。

実際に、我が家が地方移住地を決めた過程を紹介すると、まず夫の仕事の関係で「自宅から東京駅まで2時間で行けること」という「客観」的な条件があった。夫婦で「長野県に住みたい」と考えていたが、この条件のために新宿駅から特急あずさ号で2時間以上かかる茅野や松本方面が候補から外れた。そして当時の長野新幹線沿いの軽井沢から上田の一帯が候補地となった。軽井沢は「三高（地価が高い、標高が高い、湿度が高い）」のため候補から外れ、佐久平駅か上田駅の周辺ということになった。そのあたりを車で見て回っていたところ道に迷い、偶然旧北御牧村を通りかかったのである。浅間山と蓼科《たてしな》山をぐるりと360度見渡せる素晴らしいパノラマに魅せられて、この土地に住むことを決めた。つまり夫婦で「その土地が気に入った」という「主観」的なことであるが、最終的にその土地に移住することを決めたのは「直観」である。「主観」は「景色が気に入ったから」という自分たちの感情であるが、「直観」とは「ピンときた」という表現のように、他者に言葉では説明しにくいものである。すなわち「直観」は、「見えていないものを見る」ことであり、私たちは「この土地に住んで暮らす未来」を「直観」で見たのである。もし移住地を決める際に、「客観」的な条件が良くても「何か嫌な感じがした」というのなら、自分が感じた「直観」を大事にすべきだろう。

3 生涯可処分所得と生涯可処分時間を考える

地方移住をすると、一般的には所得が下がることが多い。一方、賃貸住宅であれ住宅購入であれ、住居費は都会に比べて格段に下げることができ、可処分所得はそれほど変わらないだろう。地方での生活費全般については第3章で詳しく説明しているが、ここで考えたいのは、「生涯可処分所得」（一生に使えるお金。46ページに詳述）という概念である。「都会で60歳まで『メンバーシップ型』で働き、高い住宅費や生活費を支払う」場合と、「地方で『ジョブ型』の働き方を選択し、生活費を削減しながら80歳まで働く」場合と、どちらが「生涯可処分所得」が高くなるか、自分はどちらを選択したいかを考えてみてほしい。

さらに考えてもらいたいのは「生涯可処分時間」という概念である。例えば、通勤時間のことを考えてみる。総務省統計局の平成28年度社会生活基本調査による「一日の平均通勤・通学時間」の都道府県別ランキングで、全国平均が1時間19分なのに対して、1位の神奈川県は1時間45分、2位の千葉県は1時間42分、3位の埼玉県は1時間36分、4位の東京都が1時間34分であった。一方、「一日の平均通勤・通学時間」が短い県は、1位が大分県で57分、2位が鹿児島県等の58分で、地方であれば一日の平均通勤・通学時間は一時間を切っている。つまり地方では職場や学校から片道30分ほどのところに住んで、通勤や通学をしているのだ。

私が住む長野県は1時間2分で、以前住んでいた千葉県との差は、一日当たり40分である。一年間に250日働くとすると、一年間で1万分（約7日間）という通勤時間の差が出てくる。通勤方法について千葉県はほとんどが電車で、長野県はほとんどが自家用車であるから、快適さも違う。またコロナ後は、満員電車での長時間通勤に不安を感じる人もいるだろう。

つまり「生涯可処分時間」を考えた場合、都会では通勤に時間がとられるが、地方では通勤時間が短い分を家族と過ごしたり、趣味を楽しむことが可能になるのだ。だからこそ、地方移住の前に「生涯可処分所得」と「生涯可処分時間」を考えて、自分にとっての「本当の豊かさ」を考えたい。

コラム　地方移住したくてもできない3タイプ

私は長野県に移住して18年になるが、いろいろな人から「いつかは地方移住したい」という言葉を聞いてきた。その後、実際に地方移住した人もいるが、移住していない人が大多数だ。私の経験から「移住したくても移住できない」人には以下のような3つのタイプがある。それぞれのケースについて、その問題点と解決方法を提案する。

1「妻を説得する方法を教えてください」というタイプ

移住セミナーなどで、「私は地方移住を希望しているのですが、妻が嫌だといいます。妻を説得する方法を教えてください」という質問をする人がいる。このように夫が地方移住に積極的でも、妻が反対する、いわゆる「妻ブロック」に悩む人がいる。

この場合、「妻を説得する」という考え方に問題があるのではないだろうか。「妻を説得する」のではなく、日頃から夫婦がお互いの価値観をすり合わせていくことが何よりも大事だと思う。「都会に住むことと、地方に住むこと」は、「ニューヨークに住むことと、ニュージーランドに住むこと」くらい、生活も価値観も異なる。ニューヨークの都市生活をエンジョイしている人に、「これからニュージーランドで田園生活を楽しもう」といっても拒否されるのは明白である。

地方移住を検討する前に、夫婦それぞれが仕事や生活、子供の教育問題について、現在、どういう希望や不安を持っているか、将来はどうしたいかを、よく話し合うことが大切であると思う。そして、実際に住んでみたい地域に家族で数日間滞在をして、その上でお互いの希望がどのように実現できるか、抱えている不安や悩みを解決できるかを具体的にイメージすることが重要だ。

夫の故郷にUターン移住する場合に、「妻ブロック」が入る背景には、地方生活が嫌だということだけでなく、「保守的な夫の両親の存在」があることが多い。

事例⑰の長野県立科町にUターン移住した今井英昭さんの場合、東京に家族で住んでいたが、遊びがてら毎月のように夫の実家がある立科町に家族で来ていた。そのため立科町の実家の両親と東京出身の妻との間に、良好な人間関係ができていたのだろう。そしてUターンせざるを得ない状況になった際には、妻もUターンに同意してくれたという。また、今井さんはUターン移住後には、東京出身の妻や子供たちのために、毎月一回東京に遊びに行くことにしているとのことだ。この事例のようにお互いのことを思いやり、実際にコストもエネルギーもかけて、家族が楽しめる状況を作り出している場合には、Uターン移住がうまくいくのである。

2 「『どこに移住したらいいか』教えてください」というタイプ

私が移住セミナーや移住ツアーにアドバイザーとして参加していると、「どこに移住したらいいか、わからない」という人たちが一定数いる。今は地方自治体が、地域の魅力を動画で紹介したり、様々な地方移住の成功例を紹介したりしているので、情報が多すぎて、どこに移住したらいいのかわからなくなるのであろう。

この本の事例に登場する人たちは、まず移住する「強いＷＨＹ」を持っていた。そして最初に客観的な条件で候補地を決めて、実際にその候補地を回って移住地を決めている。「どこに移住したらいいか」を決められない人は、移住する「強いＷＨＹ」をしっかり認識できていないのではないだろうか？　まずは「なぜ地方移住したいのか」を具体的に書き出してみることをおすすめしたい。

移住する理由をはっきり認識したあと、仕事や家族の個人的な事情や好みもあわせて考えると、移住する地域がだいたい決まってくるだろう。そして実際に移住する土地を決めるにあたっては、前述したように「直観」が重要である。景色や環境で移住地を決めた人は、「空気感」という言葉を使っている。

またそこに住んでいる人の雰囲気が良くて移住する人もいる。事例②の外山大貴《とやまだいき》さんは、岩手県花巻市のゲストハウスに宿泊して、そこで出会った大人たちが魅力的と感じた経験から縁をつなぎ、花巻市に移住している。「その土地に魅力的な人がいたから」というのは、「強いＷＨＹ」になるのである。

3　「憧《あこが》れだけで、結局実行できない」タイプ

「いつかは地方移住してみたい」とか「いつかは地元に戻りたい」という人たちに出会うことがある。そういう人たちは、地方での生活に憧れつつも、都会の今の生活を手放せない理由があるのであろう。また本書のUターン事例でも、Uターンするタイミングは「父親の病気がわかって」ということがあり、やはり地方移住にはきっかけが重要だと思う。

地方移住した20事例を読んでいただければわかるが、地方移住にあたっては、ほとんどの場合「強いＷＨＹ」がある。憧れだけでは、なかなか実際に地方移住はできないと思う。

そういう人たちには無理に地方移住せずに、都会と地方の二拠点を行き来したり、いろいろな地方のイベントに参加してみたりするなど、都会と地方の両方の生活を楽しむことをおすすめしたい。そうしているうちに、何かのタイミングで地方移住が実現することもあるだろう。

第3章◉地方移住のリアルな暮らしと生活費

私は地方移住と起業の両方を経験したが、2つに共通することは多い。「所得や売上は予測に過ぎず、費用は現実で事前に見積もることができる」ということもその一つだ。所得に関しては個人の状況によるためおいておくとして、地方移住で生活費がどうなるか、住居費や食費、子育て環境や子供にかかる教育費などは事前にわかるので、項目別に説明していく。ここで重要なのは、所得から様々な生活費を差し引いて、最後に残る「自由になるお金」、すなわち「生涯可処分所得」を計算しておくことである。

所得−(住居費+自家用車の費用+食費+教育費)＝自由になるお金　「生涯可処分所得」

この章では私が長野県東御市に移住して18年間暮らして、実際に経験し見聞きしたことを元に、地方移住のリアルな生活実態について詳述する。

1　所得についての考え方

一般的に地方移住によって所得は、同じ仕事をしていても2割から3割程度下がることが多い。しかし都会と同じ仕事を続けて所得が下がらなかったという人もいる。「メンバーシップ型」で働く場合、所得を最大化することで都会の高い住居費や教育費を負担し、所有欲求も満たされることが多いだろう。一方、「ジョブ型」で働く場合は、地方移住や自分のやりたいことを仕事にする自由を得て、住居費・教育費・食費を節約しながら、存在欲求を満たし、地方に住む豊かさを実感することもできる。

2 住居費を大幅に削減

家計の中で占める割合が一番大きいのは住居費といわれるが（この点について教育費との比較を後述する）、地方移住によって住居費を大幅に削減できる。地方では賃貸の場合、若い世代の夫婦向けの２ＤＫのアパートで月６万円程度である。実際には月６万円払うなら、一戸建てを買って同程度のローンを払ったほうがいいので、地方では結婚して数年の夫婦でも一戸建てを買うことがある。ましてＵターンで親の土地に家を建てるとなれば、建物のローンだけなので毎月のローン負担はより少なくなる。

株式会社不動産経済研究所の調査によれば、2019年度の首都圏の新築マンション購入の平均価格は6055万円とのことだが、これは都会で共働きをして可能になる購入額である。しかしこれだけの金額を都会で不動産に投資するならば、地方ではその半分くらいの金額で事業と家を買うことも可能である。実際に、事例⑩の石坂大輔さんは、老舗旅館を約400万円で取得し、約2000万円で、カフェを新設し水回りをリノベーションした。このように都会に比べて、地方では不動産投資の資本効率が高いのである。

都会から地方に移住する場合には、とりあえず借家に住むことがおすすめだ。なぜならば、地方移住していきなり住宅を購入することはリスクが大きく、まずその地域になじめるかどうかを借家で試すべきだからである。地方では一戸建てを借りても、月の家賃は8万円～10万円程度である。その後に一戸建てを買うとしても、新築ではなく空き家バンクの中古物件ならば、500万円台からでも購入可能である。また自治体によっては空き家を購入してリフォームした場合に、補助金の制度がある。

3 食生活を充実させても食費を削減

近所の方が玄関先に置いてくれた野菜（筆者撮影）

地方移住すると新鮮な食品が安く手に入り、充実した食生活を送りながら、食費を削減することが可能になる。私は米や野菜・果物を近所の農家から直接買っているので、都会で暮らしていた時に比べて食費をかなり削減できている。地方ではスーパーでも新鮮な野菜が安く手に入るが、特に直売所に行けば市場に出せない規格外の野菜がさらに格安で手に入る。夏ならピーマンがビニール袋いっぱいに10個ほど詰められて100円で売られている。

移住者体験談として「近所から野菜をタダでもらえるので、食費があまりかからない」という話を聞くが、近所からいただいた野菜だけで食べていけるわけではない。こうしたエピソードは、都会ではありえない「野菜をタダでもらえる」ということに驚いたに過ぎないのである。前ページの写真は、数年前の夏に近所の方が家庭菜園で作った野菜を私の玄関先に置いてくれたものである。このように見事な野菜がメモもつけずに置かれていることが多いが、だいたい誰からいただいたか想像がつくので、こちらからお礼の電話をすることになる。

4 健康的な生活を送り医療費を削限

新鮮でおいしい野菜が安く手に入ることだけでなく、地方では都会に比べてストレスが少ない。健康な生活を送ることで病気にかかりにくくなると考えられ、長期的には医療費の削限につながるだろう。例えば長野県はキノコの生産量も消費量も全国1位であるが、キノコは免疫力を高めるといわれている。私はスーパーで1パック100円程度のキノコを購入して、毎日みそ汁や炒め物に使っている。また長野県はみその生産量・消費量ともに全国1位、そして野菜の摂取量が男女ともに全国1位である。つまり野菜やキノコをたっぷり使ったみそ汁を毎日飲んでいれば免疫力が高まり、それが長野県民の長寿につながっているといわれている。

一方、持病がある人は地方では十分な医療を受けられないのではないかという心配があるだろう。その場合には、事前に移住する地域の信頼できる医師を紹介してもらったり、定期的に都会に通院する費用を地方移住のコストとして見積もっておくことが必要だ。

5 水道光熱費の実情

長野県の私の家にはクーラーがなく、夏は冷房がない生活を送っている。自宅は標高約720メートルにあり、夏は日中30度を超えるものの、夕方には涼しくなる。夜は24度くらいまで下がるので、冷房がなくても快適に寝ることができる。冬の暖房費はかなりかかるが、夏に冷房費が全くかからないので、ある程度相殺できる。水道料金については、地方は都会に比べて一般的に高くなる。ただし、山間部に住んで井戸水で生活をすれば水道料金はゼロにできる。

冬は寒いって聞いたけど、光熱水費はどのくらいかかるの？

２人以上の世帯の光熱水費の全国平均は月 21,535 円（※）です。寒さの厳しい佐久穂町の場合はどのくらいかかるのか、実際に佐久穂町にお住いの４つの事例をご紹介します。　※総務省統計局平成 29 年家計調査より

■佐久穂町に住む４家庭の光熱水費

築 120 年の古民家

40 代夫婦、子３歳
月額約 35,000 円
A家

冬場は電気代が倍！
暖房用の灯油代もかかる。

	夏	冬
電気	7,000	15,000
ガス	4,000	4,000
水道	3,000	2,700
下水道（汲取）	1,800	1,800
風呂用灯油	3,200	3,500
冬場の灯油	0	24,000
合計	19,000	51,000

（ひと月あたりの平均額）

築 47 年の持家

30 代夫婦、子５歳、３歳
月額約 27,700 円
B家

冬場は電気代が倍！
暖房用の灯油代もかかる。

	夏	冬
電気	4,000	9,000
ガス	2,400	2,400
水道	3,800	3,800
下水道	3,000	3,000
風呂用灯油	6,000	6,000
冬場の灯油	0	12,000
合計	19,200	36,200

（ひと月あたりの平均額）

オール電化の新築

40 代夫婦、子 11 歳、8 歳
月額約 22,800 円
C家

冬場は電気代が３倍！
ただし、太陽光売電収入もあり、
夏場はプラスになることも。
灯油代はかかりません。

	夏	冬
電気	6,000	21,000
ガス	0	0
水道	4,300	4,300
下水道	5,000	5,000
風呂用灯油	0	0
冬場の灯油	0	0
合計	15,300	30,300

（ひと月あたりの平均額）

※太陽光売電収入
夏 /18,000 円　冬 /10,000 円

民間アパート（家賃４万）

30 代夫婦、子３歳
月額約 25,250 円
D家

冬場は電気代・
ガス代が倍に！
お風呂をガスで
沸かしているので
ガス代が高め。

	夏	冬
電気	4,000	9,000
ガス	6,500	11,000
水道	4,000	5,000
下水道	2,500	2,500
風呂用灯油	0	0
冬場の灯油	0	6,000
合計	17,000	33,500

（ひと月あたりの平均額）

○電気 / 中部電力など　○ガス / プロパンガス　○水道 / 佐久水道または簡易水道、水は高低差を利用し自然流下させているため、高低差の問題や、水道管の敷設の問題でつなぎ込みができない区域や場所があります。　○下水 / 公共下水道、農業集落排水施設への接続、または合併浄化槽設置による方法があります。

佐久穂町作成、移住定住ガイドブック「佐久穂で暮らす」より

水道光熱費については、暮らしぶりや地域によって違ってくる。上の表は長野県佐久穂町が作成した、移住定住ガイドブック「佐久穂で暮らす」から引用した4家族の水道光熱費の実費比較である。4家族とも夏と冬では光熱費が倍以上違うことがわかる。また築120年の古民家暮らしでは冬の光熱費が一番かかるが、オール電化の新築は一番光熱費が節約でき、かつ太陽光発電の売電収入もある。ただしオール電化の新築の場合は、住宅と太陽光発電の初期投資が大きいことに注意すべきだ。

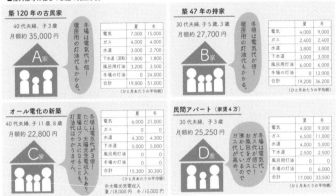

6 意外にかかる自家用車の費用

地方で暮らす場合には自家用車の費用がかかることを覚悟すべきである。都会では車が必要ではないので運転免許を持っていない人もいるが、地方では車なしで生活するのは相当大変だ。運転免許を持っていない人が地方移住する場合に、まず運転免許の取得に費用と時間がかかる。そして車は「一家に1台」ではなく「大人一人に1台」ないとかなり不便なので、夫婦で2台持つことになる。その結果、自家用車にかかるコストがすべて2倍になるので、自家用車の費用負担が大きくなるのである。

車を所有してかかる費用を次ページのような表にまとめた。どのくらいの価格の車やタイヤを買うのかは人によって違うし、使用するガソリン代も異なる。都会に比べて圧倒的に安いのは駐車場代で、一軒家の場合には駐車場代はかからないことが多いが、アパートで駐車場を借りても一台目は無料で、二台目から２０００円程度がかかることが多い。

	固定的なコスト	人によって違うコスト
初期コスト	運転免許取得費 （合宿約20万円、都内約30万円）	車の購入費
毎月	自動車保険料と駐車場代 （2000円〜）	ガソリン代
半年ごと	タイヤ交換費（4000円）とエンジンオイル代	
1年ごと	自動車税（軽1万800円、普通車3万円〜5万円）	
2年ごと	車検費用（5万円〜）	
3年ごと		タイヤの買い替え（夏・冬）

意外に見落としがちなのはタイヤにかかるコストだ。また雪が積もる地方では夏のノーマルタイヤと冬のスタッドレスタイヤの両方が必要である。年に2回タイヤの履き替えコストがかかるだけでなく、地方では車の走行距離が長いため、タイヤの消耗も早くなり、3年くらいでタイヤの買い替えが必要となる。定期的にタイヤを買い替えずにツルツルのタイヤで走ると、冬は特に事故につながりやすいので注意が必要だ。そして前述したように、「車は夫婦で2台」所有するので、タイヤについてのコストも夏用と冬用がそれぞれ2倍になり、想定外に大きな負担になるのである。

7　子育ての環境と教育費

都会に比べて地方では、学校や習い事の選択肢が格段に少なくなる。私自身は都会育ちで、都会での受験戦争を経験しているので、むしろ選択肢が少ない地方の教育環境が子供の教育にはよいと思って地方移住した。教育についての考え方は人によって大きく異なるので、家族でよく話し合うことが重要だ。

地方での子育て環境であるが、まず地方には保育園があって幼稚園がない地域がある。私が移住した当時の北御牧村にも2つ保育園があったが幼稚園はなかった。また総じて地方で保育園に入ることは難しくはないので、都会の保活（保育園に入る活動）に苦しんでいる方々にとっては望ましい環境であろう。ただし地方でも都市部の保育園では、3歳未満児クラスの入園で待機児童がいることがある。

私は子供3人を地元の公立の小学校と中学校、県立高校に通わせた。都会と違い中学受験のために小学校4年生から学習塾に通うこともなく、私立中学や高校に行かなかったので教育費は節約できた。ただし3人とも首都圏の大学に進学したため、大学在学中の生活費の仕送り負担が大きかった。

教育費については、地方に住んで節約できた分は学資保険などの積み立てにあて、大学進学に備えると理想的である。地方ではちょっと車で出かけただけでキャンプを楽しめるので、家族旅行の費用があまりかからない。そうした費用を節約したと考えて、子供たちが小さいうちから学資保険の支払いを月に1万~2万円しておくのもいいだろう。学資保険を掛けておけば大学進学のための貯金はしなくて済み、また万一お金が必要になった場合、学資保険を担保としてお金を借りることもできる。

最初に家計の中で一番大きいのは住居費といったが、子供の人数によっては子育て費用の総額の方が高くなる。ＡＩＵ保険会社の試算（２００５年）によれば、出産から食費、衣服費などの養育費は約１６４０万円で、幼稚園から大学まで公立に行った場合でも教育費は約１３４５万円になり、合計すると子供１人あたり約３０００万円になる。すなわち子育てのコストは子供２人なら約６０００万円、３人なら約９０００万円にもなり、不動産取得価格よりも高くなることがあるのだ。

8　地方移住の総決算

今までの都会での生き方は「安定した『メンバーシップ型』の雇用で、できるだけ高い所得を得て、住宅ローンを支払い、子供には教育費をかける」ということだった。

地方移住した場合に所得は低くなる可能性があるが、住居費や食費は格段に削減できて、最終的に自由になるお金、すなわち「生涯可処分所得」はそれほど変わらない可能性がある。また健康的な生活を送って80歳まで少しでも稼ぐようにすれば、年金だけでは不足するといわれる２０００万円を補うことも可能だろう。

地方移住にはメリットとデメリットがある。それらをしっかり理解したうえで、都会での生活と地方移住のどちらを選択するかを主体的に考えるべきだろう。

コラム　地方の人間関係

地方移住を考える際に、「地方の人間関係」に不安を感じる人は多いだろう。実際に、一般社団法人 移住・交流推進機構（ＪＯＩＮ）が２０１７年1月に行った、地方移住に興味がある20代から30代の既婚男女５００名を対象にしたウェブモニターアンケート調査結果では、地方移住を妨げている大きな要因は、という質問（複数回答可）に対して、第1位が「移住先では求める給与水準にはない」で25・６％、第2位が「田舎の人間関係が不安」で23・６％だった。

都会に比べると地方の人間関係は、濃密で閉鎖的といわれる。しかしそれはケースバイケースであり、「地域に温かく受け入れてもらい、お節介なくらいに親切にしてもらっている」人もいるし、「地域になかなか溶け込めず、孤独感を味わった」という人もいるだろう。例えば事例⑪のたつみかずきさんは、「移住者が『人口が少ない地方に来てやった』というような態度をとらないように気を付けること」と具体的なアドバイスをしている。

人間関係が比較的ドライな都会でも、近所やママ友の付き合いで苦労することもある。周りの人と良好な人間関係を築くことは、どこに住んでも重要なことだ。ただし移住者に対して閉鎖的な地域もあるので、移住する際には県庁所在地などの都市部に移住するのも手だ。いずれにしても移住者の実績や受け入れ態勢などを十分に検討して移住地を決めるといいだろう。

地方移住して地域の輪の中に入ることができると、空き家や畑を安く貸してもらったり、農作業に必要な農機具や軽トラックを譲ってもらえたりする。それらは都市部では考えられないほどありがたいことだ。地方移住では、相手の立場で考えるように注意し、コミュニケーション能力を高めて、常に良好な人間関係を築くように努力することが、都会よりも重要であると思う。

コラム　長野県は教育県か？

移住する前に、子供3人を連れて長野県に移住することを話すと、「長野県は教育県ですよね」といわれることが多かった。実際に「長野県は教育県」と思っている人はいるだろう。「長野県は教育県」といわれるようになった理由は、一説には「江戸時代末期に日本で一番寺子屋の数が多かった」からだそうだ。また明治5年（1872年）の学制の実施で全国に小学校を設置した際、寺子屋を母体とすることが多かったため、その当時は長野県の就学率が全国一となったことも理由の一つらしいが、これは150年ほどの昔の話である。

私は実際に長野県で子供3人を育て、中学校のPTA副会長や東御市の教育委員も務めたが、「長野県は教育県」であるとは思わない。小中学生の全国学力テスト結果でも大学進学率においても、長野県が特に教育県である根拠はない。小中学校の全国学力テストの結果だけなら、秋田県や石川県、福井県などが教育県である。

このように「その県は〇〇で有名」というようなことがあっても、実際にはそうではないことがある。地方移住する際には、そうした間違った情報で、理想郷を求めないことが大事である。

ともあれ、子供たちを長野県の公立学校で育てたこと自体は満足している。特に小中学校のPTA活動は18年前の移住当時から「両親が共働き」を前提としていたので参加しやすかった。都市部の保護者に話すと驚かれていたが、子供たちが通った小学校ではPTAの役員会は午後6時から、中学校では午後7時からの開催だったので、親が仕事を終えた後で参加できる。またあるPTA役員は、「PTAは『パーッと楽しく遊ぶ』の略です」と豪語していた。私はそこまでは楽しくはなかったが、PTA活動を通じて保護者同士のつながりを持てたことはありがたかったと思う。

さて本書の取材をしているうちに、「地区全戸が小学校のPTAに加盟する」という、長野県伊那市の新山《にいやま》地区のことを知った。新山地区では、戦後に、全国でPTAが発足した1947年から、地区全戸がPTAに加盟している。「地域で子供を育てる」と謳《うた》っている地域は多いが、この新山地区では子供がいてもいなくても、全戸が一世帯あたり年会費2000円を実際に支払い、地区住民がPTA行事に積極的に参加している。文部科学省の担当部署にも問い合わせたが、「地区全戸が小学校PTAに加盟しているのは、全国的にも珍しいのではないか」とのことである。

長野県伊那市郊外の山間部にある新山地区は人口約700人で年々減少していたが、地域の人が保育園や小学校を存続させるために「地域全体が校庭」というコンセプトで地道な活動を続けてきた。たとえば、毎年初夏に地区総出で、蕗《ふき》を収穫して業者に販売し、売上金を小学校に寄付して、小学校はその寄付金で本を購入する。この活動で購入した本は小学校の図書館で「蕗文庫」とされている。また地域の人は森林や山道の整備をして、小学生と一緒に登山活動をする。さらに秋になると、小学生と地区の大人が近くの山で松茸を収穫し、小学校の給食で松茸を提供するそうだ。

こうした地道な活動の結果、園児数の減少のため一度休園していた保育園が再開し、4

長野県伊那市新山地区（新山定住促進協議会提供）

年間で園児が倍増し、また新山小学校でも児童が増加した。そしてこの活動を引き継ぐために、2014年に新山定住促進協議会が発足し、翌年には伊那市の「田舎暮らしモデル地域」となった。

こうした住民主体の活動の結果、新山地区への移住者は約40名も増え、移住定住促進につながった。そして2019年の自治体総合フェア「第11回協働まちづくり表彰」では、「里山新山　伊那市田舎暮らしモデル地域～新山全員が小学校・保育園の応援団～」として準グランプリを受賞している。

伊那市新山地区の活動は、学校を中心とした地域活性化のモデルケースといえよう。

第4章◉Iターン移住して複業する

この章では、Iターン移住して、様々な仕事を「複業」する4事例を紹介する。事例①の塚原諒《つかはらりょう》さんは長野県佐久穂《さくほ》町でドーナッツ屋を経営しながら、地域コーディネートの教育スタッフの仕事を「複業」している。事例④の諸岡龍也さんは、新潟県妙高市の「地域のこし協力隊」の任期を終えて古民家民泊を起業し、また地域の特産品である酒米づくりや地域活性化支援にも従事している。これらの事例では、起業といくつかの仕事を掛け持ちする「複業」をしているが、どれも本業であり、また単に「収入のマルチソース化」というだけでなく、「複業」する仕事が地域の活性化につながっている点が素晴らしい。

事例②の外山大貴さんは、大学卒業時に就職活動がうまく行かない状況をSNSで訴えたところ、岩手県花巻市の木材会社とゲストハウスで「複業」することになり、就職のために花巻市に移住した。また事例③の長野県伊那市の澤西良和さんは、様々な職種を経験した後、予想もしなかった「酪農ヘルパー」という仕事に就き、さらに空き時間にIT関係の仕事をするという、地方ならではのユニークな「複業」をしている。

こうした事例のように、地方移住をして想像もしなかった仕事に就くこともある。いずれの事例でも、「その地域で自分ができる仕事」と出会い、新しく人生が開けていくことを読者も実感できるだろう。

事例①　ドーナッツ屋経営と教育スタッフを複業

［長野県佐久穂町　塚原諒さん］

塚原諒さん（筆者撮影）

塚原さんは群馬県高崎市出身で１９８８年生まれ。大日向《おおひなた》小学校の開校準備のために２０１７年11月に佐久穂町に移住した。大日向小学校は地域との関わり合いを重要視しているため、塚原さんは地域と学校をつなぐ「地域連携ファシリテーター」という仕事を担当している。ただし大日向小学校での仕事は週５日あるわけではないので、佐久穂町にドーナッツ屋「mikko」を開店し、共働きの妻と二人で時間をやりくりしながら経営している。このドーナッツ屋「mikko」は週末も営業しているので、大日向小学校の見学にきた家族や、移住を希望する人が、週末に「mikko」に立ち寄り、コーヒーを飲みドーナッツを食べながら、佐久穂町での移住生活について塚原さんに相談することもできる。塚原さんにとって「mikko」というドーナッツ屋は、「自分という存在をまちで可視化するために必要」であり、塚原さんは「『mikko』を『地域のウェルカムセンター』という位置づけで始めたとのことだ。

さらに塚原さんは佐久穂町で地域研究をしている信州大学のあるゼミで、「地域コーディネーター」という仕事も「複業」している。塚原さんは「どれが本業かわからなくなっていますが、どれも本業なんです」と語る。3つの仕事がそれぞれリンクしていて、「複業」をすることによって自分の可動領域が広がっていくことを感じるそうだ。

事例② 木材店とゲストハウスのスタッフを複業

［岩手県花巻市　外山大貴《とやまだいき》さん］

事例⑳の小友康広《おともやすひろ》さんは、東京のIT企業の取締役と岩手県花巻市の株式会社小友木材店の社長を「複業」するパラレル経営者である。その小友木材店には、「半日社員」というユニークな働き方で「複業」をしている外山大貴さんがいる。

外山さんは愛知県名古屋市出身で1995年生まれ。岐阜県にある大学の教育学部を卒業後、2019年5月に岩手県花巻市に移住した。外山さんが花巻に移住するきっかけは、大学4年生の冬に岩手県にあるNPOの就職面接に行き、その途中で花巻に立ち寄ったことだった。花巻にある「ゲストハウス meinn（メイン）」に宿泊した際、ちょうど花巻の街おこし活動のために人が集まっており、その人たちの話が非常にユニークで「花巻って面白い人が多いんだな」という印象を持った。

結局、面接を受けたNPOには就職せずに、次に海外で日本語を教えるプロジェクトに応募したが落ちてしまい、大学4年生の2月になっても就職できずにいた。外山さんは就職に困っていることを率直にフェイスブックに投稿したところ、「ゲストハウスmeimn」を経営する福田さんから「花巻で働かないか」という誘いを受けた。といってもゲストハウスには1人分の仕事はなく、福田さんが小友木材店の小友さんに声をかけて外山さんは両方で働くことになった。外山さんは午前中、ゲストハウスで宿泊者の朝食を用意し、花巻観光のアドバイスをしたりチェックアウトなどの仕事をする。午後からは小友木材店の「半日社員」として働く。小友木材店では正社員待遇の福利厚生を受けているが、半日しか働かないので給与は半分だ。2つの仕事の掛け持ちで生活は成り立ち、またそれぞれの仕事から学ぶことが多いという。

外山さんは小友木材店で、新商品であるウッド・スタンディング・デスクのクラウドファンディングを企画した。現在は木材商品を扱うEC（電子商取引）サイトのマーケティング活動を担当し、まちづくり会社である花巻家守舎《はなまきやもりしゃ》の経理やco-ba HANAMAKIというコワーキング・スペースの運営・管理もしている。一方、ゲストハウスでは午前中の半日勤務ではあるが、英語力を活かして外国人観光客に応対し、週末にはイベントを企画して開催する。

実は2020年春の新型コロナウイルス感染症拡大でゲストハウスが休業となり、午前中の仕事がなくなってしまった。その際には午前中に小友木材店で働き、午後からは教員免許を持っていることを活かして、地元の学童クラブのスタッフとして働いている。外山さんの働き方は、地方での「複業」のモデルケースであると同時に、移住してきた新卒の社会人に対して、花巻の大人たちがやりがいのある仕事をアレンジしている点が素晴らしい。

事例③　会社員から酪農ヘルパーに転職、夫婦で複業

［長野県伊那市　澤西良和《さわにしよしかず》さん、光子《みつこ》さん］

澤西良和さんは、正社員として会社に勤務する「メンバーシップ型」から、いくつかの仕事を複業する「ジョブ型」にキャリアチェンジをした。良和さんは愛知県出身で1976年生まれ。静岡大学工学部を卒業後に、東京や大阪で空調設備会社や機械製造会社で設計業務などに従事していた。就職氷河期世代であり都会で非正規社員として働くうちに、良和さんは田舎暮らしに憧れるようになる。そこで長野県伊那市のメーカーに派遣社員の職を得て2011年に移住し、2013年に正社員となったことをきっかけに伊那市に土地を購入、同時に家庭を持ちたくなりネット婚活を始めた。

妻の澤西光子さんは奈良県出身で1980年生まれ。大学進学とともに大阪に引越し、飲食店勤務を経て外資系ホテルに勤務していた。30歳を過ぎてから「そろそろ親に孫の顔

を見せたくなって」光子さんもネット婚活を始めた。２０１４年初めに二人はネット婚活で出会い、すぐに意気投合し、結婚を前提に交際を始める。良和さんは伊那市に購入した土地を光子さんに案内して、そこにログハウスを建てる夢を語った。そして、２０１４年４月に二人は結婚して、光子さんも伊那市に移住した。

結婚後は子供にも恵まれて幸せな家庭生活を送っていたが、良和さんは会社で開発責任者となり、仕事はハードになった。残業が多いだけでなく、朝まで開発作業を続けることもあり、また休日出勤もあったという。こうした働き方を定年まであと20年間続けることに良和さんが悩んでいた時、妻の光子さんが「酪農ヘルパー」の仕事を見つけてきた。それまでいろいろな仕事を経験してきた良和さんだったが、酪農の仕事をすることは初めてで戸惑いもあった。近所の酪農家に相談したところ、「酪農未経験者でも研修制度があるので、徐々に仕事を覚えてくれればいいから」と歓迎された。そこで良和さんは会社を辞め、伊那酪農業協同組合で３か月間の研修を受けて、酪農ヘルパーに転職する。

動物の命を預かる酪農家は３６５日休みなく働く。酪農家が休みを取りたいときに、酪農ヘルパーが朝晩の「搾乳《さくにゅう》」、「牛舎の清掃」、「餌やり」、「仔牛の哺乳《ほにゅう》・育成」といった一連の業務をすべて代行する。ヘルパーといっても業務内容は酪農家の仕事と変わらないため、通常の農業ヘルパーよりも報酬は高い。

実際に良和さんが「酪農ヘルパー」として働いてみると、朝5時から働くが、8時30分には終了し、夕方の業務は16時から19時までと規則正しい生活で、酪農の仕事は健康的で達成感がある。しかも日中にフリータイムがあるため「複業」が可能で、この間に良和さんはIT関係の仕事を在宅やオフィスで受託している。良和さんは月に20日間ほど「酪農ヘルパー」として働くが、仕事の依頼は土日が多い。それでも日中は仕事がないので、家族と買い物に出かけることができる。今まで一年中働くことが普通だった酪農家にとっては、月に何日か休みをとることができるため、「酪農ヘルパー」の良和さんは依頼先の酪農家から感謝されることも多く、それが仕事のモチベーションアップにつながっている。

妻の光子さんも移住した伊那市で「複業」をしている。週に3日は酒屋でアルバイトをする一方、SDGs（持続可能な開発目標）に関する研修講座のファシリテーター資格を取

	メリット	デメリット
メンバーシップ型	正社員で安定した収入 （長時間の残業代込） 厚生年金など福利厚生は充実	残業が多く徹夜や休日出勤もある デスクワークでストレスが多い
ジョブ型	規則正しい生活 一回ごとに達成感のある仕事 空いた時間にパラレルワーク	収入は正社員の２〜３割減 国民年金となり将来の年金は減少

得し、企業や学校で研修を担当している。また光子さんは「伊那市ママサポートの会」の運営もしており、ＳＮＳ等で情報発信をして、伊那に住む家族が幸せに暮らせるための地域活動を積極的にしている。

良和さんの「メンバーシップ型」と「ジョブ型」の働き方について、メリットとデメリットを上のようなマトリックスにまとめた。

「メンバーシップ型」の方が安定的な収入は得られるが、拘束時間が長く、仕事内容もきついことが多い。一方、「ジョブ型」にキャリアチェンジすると仕事の満足度は高まるが、収入は低くなることが多いのが現実だ。澤西夫妻の場合、長時間の仕事やストレスに悩む夫に「酪農ヘルパー」の仕事を見つけてきたのは妻の光子さんで、転職にも賛成してくれた。南アルプスを望む自然豊かな伊那市に移住して、「複業」して幸せな家庭を築いている澤西さん夫妻は、都会でストレスを抱えながら働いている人たちにとって、理想的なロールモデルであろう。

ちなみに長野県伊那市は農業も盛んであるがメーカーも多く、様々な種類の仕事があり、比較的仕事を見つけやすい地域だという。また「伊那地域空き家バンク」のホームページでは、賃貸物件と売却物件が分けて表示されていて非常にわかりやすい。実際に5万円以下の賃貸物件も多く掲載されており、移住を検討する若い世代が具体的に暮らしをイメージしやすい。

伊那市のように「田舎だが、ほどよく都会」な地方に移住すると、自然豊かな田舎生活を満喫しながら、農業や製造業でパラレルワークをしたり、地域資源を活かした起業も可能になる。伊那市中心部のナイスロード周辺には、ユニクロ、ヤマダ電機、スターバックスコーヒーなどの全国チェーンがまとまってあり、伊那市内なら車で20分ほどで行くことができて、消費生活は都会よりもむしろ便利なくらいである。

事例④ 地域のこし協力隊から、古民家民泊と酒米づくりを複業

［新潟県妙高市　諸岡龍也《もろおかたつや》さん］

タイトルに「地域のこし協力隊」とあるのを見て、「間違いではないか」と思う人がいるだろう。新潟県妙高市では「地域おこし協力隊」のことをこう呼び、妙高市のホームページでもそう表記している。妙高市の「地域のこし協力隊」の諸岡龍也さんは、「一日24時間では足りない！」というほど多くの地域活動を積極的に行い、3年間の任期を2020年7月に終了した。その後も妙高市に定住し、古民家民泊の運営や酒米づくり、地域活性化のNPO法人の活動支援を続ける予定である。

諸岡さんは大阪市出身で1981年生まれ。共働きの両親と妹2人がいる家庭で育った。小学校5〜6年生の担任だった27歳の男性教師が、「グループごとに自分たちで課題を考えて解決していく」ユニークな授業を行っていた。いわば「自律した総合学習」であり、

諸岡さんは毎日学ぶことが楽しくて仕方なかったという。「あの先生のようになりたい」と憧れを持った諸岡さんは保育士の資格を取り、京都府向日《むこう》市で12年間保育士として働いた。

保育士として働くうちに、「子供たちから毎日たくさんのことを学ぶのに、自分は子供たちに何か伝えられていることがあるのか」と疑問を持つようになった。小学校の同級生がデンマークで保育士として働いていたので、自然環境教育「森のようちえん」などを視察するためにデンマークに1か月ほど滞在した。そこで諸岡さんが目の当たりにしたのは、「子供たちだけでなく、先生や親などの大人たちが生き生きとしている」保育現場だった。日本とデンマークでは、「社会の仕組みそのものが違う」と大きなカルチャーショックを受けたという。

帰国後、まず自分自身が自然の中で遊ぶメソッドを学ぶために、諸岡さんは新潟県妙高市にある「国際自然環境アウトドア専門学校」に社会人入学して3年間学んだ。在学中に妙高市の瑞穂地区と縁ができ、そこで地域活動にも関わるようになる。ちょうどそのころ瑞穂地区では、これからの地域活性化を考えていく上で、中学生以上の全住民を対象としたアンケートを行った。そしてその中で出てきた課題や求められていることを解決していくためにＮＰＯ法人を設立し、地域のコミュニティバスの運行準備をするなど、地域活性化のために動きだしていた。そのため「この地区で活躍してくれる地域のこし協力隊」の募集を妙高市に希望した。そこに大阪市に住民票があった諸岡さんが応募して、瑞穂地区の「地域のこし協力隊」になったのだ。

諸岡さんに与えられたミッションは、「地域の活性化、課題解決を行うＮＰＯ法人の活動支援、農産物の商品開発・販売促進、耕作放棄地の活用支援、地場産業の振興支援、民泊推進のための調査、空き家対策」と多岐にわたる。諸岡さんは地元の熱い要望を受け止めたうえで、自分なりに特に必要だと思う活動から優先順位をつけて取り組んだ。またアウトドア専門学校で学んだことを活かして、地域の子供たちと川で生き物を見つける「いきもんＧＯ」や、使われていない林道など18の地区を走る「ＭＵＲＡ18」というランニングイベントを地域で開催した。

諸岡さんは大阪に住んでいたころは日本酒が好きではなかったが、妙高市に来てからは日本酒のおいしさに目覚めて、酒米づくりにも取り組んでいる。また妙高市名産の日本酒や「かんずり」という唐辛子の発酵調味料を大阪の知人のお店に紹介し、双方に喜ばれている。

諸岡さんはアウトドア専門学校時代に知り合った妻、江美子さんと2017年に結婚した。江美子さんは新潟県津南町の地域おこし協力隊となり、津南町の古民家で暮らしている。妙高市と津南町は車で1時間15分ほどの距離だが、「行ったり来たりの二拠点結婚」をしている。田舎暮らしでは「大人一人あたり車一台」が必要だが、諸岡さん夫婦は「大人一人あたり家一軒」という暮らし方なのだ。

諸岡さんは「地域のこし協力隊」として地域にとけ込み、地域から必要とされる人材となっているが、この事例の成功要因は以下の3つである。第一に、赴任した瑞穂地区が全住民アンケートを実施して、地域が抱える問題を明確にしていたことである。第二に、諸岡さんの世話役には、地域の長だけでなく、年齢が近くて話しやすい人もなっていた。つまり年長のメンター（助言者）だけでなく、年齢が近いバディ（仲間）がいたのだ。こうすることにより、諸岡さんは日常の細かいことはバディに相談し、地域全体に関わることはメンターに相談することができた。最後に、諸岡さんは保育士として女性が大多数の職場で働いた経験から、「女性だけの場にいても自然にとけ込む」ことができた。地域のおばあちゃんたちと積極的にお茶会をして地域の実情を理解し、地域のお母さんたちからの要望で、情報伝達技術の向上のためＬＩＮＥの使い方を学ぶ講座を開催した。そうやって、地域のおばあちゃん、お母さんたちと良好な人間関係を築いていったのである。

諸岡さんがいかに地域のおばあちゃんたちから親しまれていたかというエピソードがある。ある日、近所の90歳のおばあちゃんが生きたマムシを木の棒にくくり付けて、諸岡さんにプレゼントしてくれたそうだ。マムシは強壮作用があるとされ、漢方薬の材料にもなる貴重品だ。そのおばあちゃんは子供のころからマムシを捕って、薬売りと物々交換したりしていたという。そんなタフなおばあちゃんがいるのも、地方ならではだ。

諸岡さんは、「地域の人からよく『ありがとう』といわれるが、こちらこそいろいろ教えてもらったり、よくしてもらうので、『ありがとう』という気持ちでいっぱいです」と語る。そして「この地域に愛をもって関わってくれる仲間を増やしていきたい」と思っており、さらに「将来は、この地域で生き方や暮らし方を学ぶ場を作っていきたい」という目標がある。

諸岡さんの事例は、地域おこし協力隊のハッピーケースである。諸岡さんが自治体や地域の人からよくしてもらっているだけでなく、「諸岡さん自身が地域にとけ込む努力をし、また誰とでも仲良くやっていくコミュニケーション能力が極めて高い」と私は思う。

コラム　地域おこし協力隊について

地方移住を希望していても、具体的に住みたい場所とやりたい仕事が決まっていない人には、地域おこし協力隊に参加するという選択肢がある。地域おこし協力隊は総務省が管轄する制度で２００９年から始まった。人口減少や高齢化が進む地方に都市部の人が移住して地域活動に従事し、定住の促進をする制度で、地方自治体が募集している。

地域おこし協力隊には、一定の生活費と地域で活動するポジションが与えられるというメリットがある。もし仕事が見つからないまま地方移住した場合、生活費は貯金からの持ち出しになり、また地域社会にすんなりとなじむことができずに孤独な生活を送る可能性もある。地域おこし協力隊については、「一般社団法人移住・交流推進機構」や「移住スカウトサービスＳＭＯＵＴ」などから各地方自治体への応募情報を得たり、また自分の希望条件を登録して自治体からのスカウトを待つこともできる。

地域おこし協力隊の応募要件は、要綱によりまず「生活の拠点を3大都市圏をはじめとする都市地域等から過疎、山村、離島、半島等の地域に移し、住民票を異動させた者であること」と定められている。Iターン移住者だけでなく、応募時に都市地域に居住していれば、Uターン移住者でも応募できる。年齢制限は「20歳以上、40歳まで」が多いが、年齢制限がない地方自治体もあり、少数ではあるが50代、60代の地域おこし協力隊もいる。未婚者でも既婚者でも応募でき、夫婦でともに協力隊になっている例もある。また自動車の運転免許を持っていることが望ましく、着任するまでに取得することが要件になっている場合もある。最後に、「任期終了後にその地域に定住する意思があること」が望ましい。

地域おこし協力隊に応募するにあたっては、地方自治体によって待遇が大きく異なる。総務省からは地方自治体に対して、報償費等として原則年間240万円、活動費として原則年間200万円が措置されるが、活動費の使い方は地方自治体に任せられている。この活動費は地域おこし事業に関する活動費用だけでなく、地域おこし協力隊を対象とした研修への参加費用などにも使われる。

報償費等は年間２４０万円で、毎月の給与や期末手当等として地域おこし協力隊員に支払われるが、この金額は新入社員の平均初任給程度である。従って「仕事に対する報酬」と考えるのではなく、「その地域での生活費が支給される」と考えたほうがいい。そう考えなければ、地域おこし協力隊員は「たいした給与をもらっていないから」と地域課題に取り組むモチベーションが下がる可能性があるからだ。

さらに地域おこし協力隊に応募する際の重要なチェックポイントは、「住宅や車が貸与、もしくは補助されるか全額自己負担か、また副業がＯＫか否か」ということである。住宅や車の貸与があると給与が少なくてもなんとか暮らせるが、それらがすべて自己負担となると、いくら物価が安い地方でも生活が苦しくなる。

また副業についての規定も、応募する際に確認しておいたほうがいい。「将来、起業するために、なんらかの仕事をする」場合は許容されることがある。ただ、地域の人からは「地域おこし協力隊は『公務員』なのに、副業をしている」と思われてしまう可能性があるので、副業についてはあまり目立たぬようにし、口外しないなど配慮が必要だ。

地域おこし協力隊の任期は最大3年だが、1年ごとの更新である。地方自治体が「この地域やミッションに向いていない」と判断したら更新されない。一方、「起業・就職」や「家庭の事情」という理由で、任期途中で地域おこし協力隊をやめる人も一定数いる。2019年1月から12月の間、委嘱《いしょく》期間中に退任した隊員数は合計604名であり、そのうち106名が、受入地域・受入自治体・隊員の三者のミスマッチを理由に退任している。こうしたミスマッチを防ぐため、総務省は2019年度から地域おこし協力隊として活動する前に、2泊3日程度の事前合宿や地域協力活動を行い、受入地域とのマッチングを図る「おためし地域おこし協力隊」制度を創設している。

地域おこし協力隊に応募した人は「地域の活性化を期待されている」と思って赴任するが、地方自治体や地域の人は、大きな改革を望んでいないことも多い。地域おこし協力隊が提案した改革案が、評価されないこともある。地域おこし協力隊が受け身でやる気がないのは困るが、かといって地域を改革する気持ちが強すぎるのも問題だ。

２０１９年度、地域おこし協力隊員は、１０００を超える自治体で５０００人以上が活躍している。そして任期終了後は、約６割が定住している。また活動地と同じ市町村に定住した地域おこし協力隊のうち約４割が、ゲストハウスを開業したり、店舗経営をするなどの起業をしている。地域おこし協力隊が任期終了前後に同一地域で起業する際、地方自治体がその経費を補助する場合には、総務省から当該地方自治体に対して１００万円を上限として特別交付税が措置される。

今後は「コロナ移住」の希望者が増え、地域おこし協力隊への応募も多くなることが予想される。地域おこし協力隊は一人当たり４４０万円×３年間＝１３２０万円もの税金を使って実施する制度なので、地域と隊員がしっかりマッチングして、双方にとって有意義な制度にしてもらいたいと私は願っている。

応募する側は「とにかく都会を出て地方に住みたい」という理由ではなく、「本当に住んでみたいと思った地域や取り組みたい地域課題」に応募することが求められる。また受け入れ側である地方自治体は、応募者の選考をより慎重に行い、着任してからも定住率が高くなるように十分なケアや対策を行う必要がある。そしてこの制度の運用ノウハウを蓄積して、地域おこし協力隊の任期満了率や任期後の定住率を上げていく努力をすることが重要だ。

第5章◉Iターン移住して同じ仕事をする

この章では、様々な理由でIターン移住して、移住前と同じ仕事を継続する3事例を紹介する。事例⑤の山本さん（仮名）の場合、「満員電車が嫌」という理由で地方移住をし、地方企業に転職した。経理の専門性で転職しているので、会社員ではあるが「ジョブ型」の転職といえる。

事例⑥の田中さん夫妻（仮名）は、東日本大震災をきっかけに地方移住を決意した。移住前は夫婦二人とも大手出版社の正社員で、まだ子供は3人とも小さかったが、会社を辞めて独立し、編集やライターの仕事をしている。独立後の収入は激減したが、地方での生活は全般的に満足度は高いとのことだ。

事例⑦「石窯パン ハル」の春野さん夫妻は、東京・高田馬場にあった店舗を長野県上田市に移転した。移転後は、店舗コストが3分の1になり経営に余裕ができた。また地方移住後に二児に恵まれたが、保育園にもすんなり入れて庭付きの一軒家に住み、地方での生活を満喫している。

地方移住すると同じ仕事をしていても収入は下がることが多いが、第3章で述べたように住居費をはじめとする生活費を大幅に削減できるというメリットがある。この章の事例では、そうした地方移住のリアルな「くらしとなりわい」を知ってほしい。

事例⑤ 満員電車での通勤に耐えられず地方移住

［長野県上田市　山本祐介さん、美香さん］

山本祐介さん（仮名、36歳）・美香さん（仮名、31歳）夫妻は、友人の紹介で２０１２年に知り合い４年間交際後、２０１６年に東京で結婚した。夫の祐介さんは愛知県出身で、大学進学を機に東京に住み、不動産会社とメーカーの2社に勤務した後、２０１８年3月に長野県上田市に夫婦で移住した。祐介さんはもともと人が多いところが苦手で、新宿にある会社に勤務していた時に毎朝の満員電車を苦痛に感じるようになった。始発駅に引っ越すなどの工夫もしたが、20代後半で「満員電車に乗るのがはっきり無理」になったという。妻の美香さんに相談したところ、美香さんも地方移住に賛成し、夫婦で真剣に検討するようになった。美香さんは沖縄県出身、高校卒業後に東京のファッション関係の専門学校に進学し、そのまま東京でジュエリー・デザイナーとして、就職した。

山本さん夫妻は、まず移住候補地を見つけるためにインターネットで情報収集をし、田舎暮らしの本を読んだり、移住フェアに参加したりした。山口県なども候補になったが、結局、長野県の東信地区に移住候補地を絞った。次に祐介さんは就職活動を開始し、長野県に強い転職エージェント2社と全国規模の大手転職エージェント1社に登録した。数社の書類選考や面接などを経て、今の勤務先に転職が決まったという。祐介さんは社会人になってからずっと経理の仕事をしており、会社の業種は違っても経理の仕事自体はそれほど違いはないという。地方企業への転職により年収は2割ほど下がったが、地元の不動産業者を通じて上田市郊外に5LDKの広い一軒家を月7万円で借りて住んでいる。その地を選んだのは、自然環境に恵まれ温泉が近くにあること、そして何よりもその土地の「空気感」が気に入ったからだという。

移住して予想外にお金がかかったのは、やはり自家用車関係の費用だった。祐介さんの通勤用と、美香さん用の2台が必要で、車の購入費やガソリン代だけでなく、それぞれについて保険料、自動車税、エンジンオイルやタイヤの交換といった維持費用がかかり、「家賃が安い分、自動車関係にお金がかかる」とのことである。また祐介さんは大学時代に運転免許を取得したものの全くのペーパードライバーで、地方移住が決まってから自動車教習所で「ペーパードライバー講習」を受講した。美香さんは運転免許を持っていなかったので、移住前に都内で講習を受けて1か月くらいで運転免許を取得し、移住の下見の際などに積極的に運転し、慣れるようにしたとのことである。

ジュエリー・デザイナーである妻の美香さんは、都会と地方で仕事をすることの違いを以下のように語る。「都会はアクセサリー作家が多いので、作品のブランド化がうまくいかないと埋もれてしまいます。ただお客様もイベント開催数も多いです。地方に移住してからは、コミュニティが小さい反面、縁をつないでいろんなことが実現しやすいと感じています」

地方移住で大事なポイントを聞くと、祐介さんは「地方移住の目的をはっきりさせること。私の場合には『満員電車がもう嫌』ということでした。それがはっきりしていると多少嫌なことがあっても乗り越えられます」と語る。妻の美香さんは「地方移住すると、友だちがゼロというところから始まります。だからこそ家族が同じ想いであることが大事。『心のよりどころ』をもつことも大事だと思います」と語る。都会と同じ仕事をしながら、地方での自然豊かな暮らしを楽しむ山本さん夫妻のように、地方移住で自分が望むライフスタイルを手に入れる若い世代が増えていくことを期待したい。

事例⑥　大手出版社を辞めて移住、さらに二拠点生活に踏み出す編集者夫婦

［長野県　田中健二さん、奈緒美さん］

東京の大手出版社に勤務していた田中健二さん（仮名、53歳）と妻の奈緒美さん（仮名、43歳）は、2016年に子供3人を連れて長野県のある村に移住した。地方移住を決意した理由は、東日本大震災だったという。2人は2007年に社内結婚し、2009年に長男、2014年に双子が生まれたが、子供が3人になってからは、特に都会の環境で育てることに不安が募り、会社を辞めて移住することを決意する。いろいろと候補地を探したが、住んでみたいと思った長野県のある村に問い合わせたところ、役場の対応がとても良く、移住相談に行ったその場で教育委員会にも話をつないでくれるなど感じがよかったので、迷わずその村に住むことを決断した。そして住宅情報サイトで庭付き一戸建ての中古住宅を探して購入してリフォームし、2016年に家族5人でその村に移住した。

会社を辞めた時、健二さんは48歳で勤続25年、かつ花形部署の管理職だったので、「小さい子供が3人いるのに、正社員の夫婦が揃って辞めて長野県に移住なんて、どうかしているのではないか?」と周りの人に驚かれたという。

「小さい子供が3人いるから」の後に続く言葉は、人によって違うのである。田中さん夫妻にとっては、「小さい子供が3人いるから、東京を脱出して自然環境がよい地方で暮らす」ということだが、ほとんどの人にとっては、「小さい子供が3人いるから、このまま東京の会社で勤める」ことなのではないだろうか。どちらを選ぶかはその夫婦の価値観の問題である。

長野県に移住してから健二さんは編集者として独立し、知り合いの作家の本を編集する仕事を始めた。まさに「メンバーシップ型からジョブ型へ」移行したのであるが、「収入は前職の10分の1くらいになった」という。一方で前職が勤続25年なので退職金もあり、また東京在住時は持ち家を購入しなかったので貯金もあった。それらを使って庭付き一戸建ての中古住宅を購入してリフォームし、さらに3人の子供たちの学資保険を一括前払いして将来の学資を確保することができた。

妻の奈緒美さんも東京では、大手出版社の正社員としてバリバリ働いていた。「ダブルインカムで収入は高かったが、都会暮らしでは消費もすごかったです」と振り返る。奈緒美さんは現在、地元のフリーペーパーなどでライターの仕事をしているが、正社員の収入に比べると健二さん同様、大幅に減っている。しかし、「長野県に移住してからは、そうしたムダな消費はなくなりました。外食もせず洋服もほとんど買わないシンプルな生活を送り、全般的に生活の満足度は高いです。地方暮らしでは光熱費と車の諸経費が高くつきますが、村の直売所で地元産の新鮮な野菜を安く買って、ゆっくり料理をする時間を楽しむことができます。何よりも地方で暮らすと、お金がないことでみじめな気持ちにならないのです」と奈緒美さんはいう。

田中さん夫妻は長男が小学校に入学するタイミングで長野県に移住したが、実は長男が小学校2年生から不登校になった。長男が村の小学校に入学後、最初はからかわれることから同級生数名によるいじめが始まり、暴言や暴力が徐々にエスカレートしていった。1

年生の冬には長男の厚手の手袋がいじめ加害者たちによって机にたたきつけられて壊されるなどの暴力的な行為が日常的になっていたという。長男のＳＯＳサインに気がついた田中さん夫妻は、小学校の校長や担任にも伝えて、いじめの加害者の児童との面談を持つなど努力を重ねたが、結局、長男は学校には行かないことを選択し、田中さん夫妻もそれを受け入れた。

田中さん夫妻はいじめは構造的な問題であることに気づき、この村の教育というよりも日本の学校自体に期待しなくなったという。そして幸いにも長男が通いたいと思う学校を近県で見つけることができたので、近いうちに健二さんと長男は二拠点生活に移行する予定である。ちなみに田中さんの長男と同じクラスにもう一人いた移住者の子供も同様にいじめを受けて、他県にすでに引っ越したとのことである。

田中さんの住む村のホームページには、「移住したくなる村づくり」をするとある。しかし地元の子供が移住してきた子供に対してこのような陰湿ないじめをするようでは、「(他の土地に)移住したくなる村づくり」をしているのに等しい。

地方自治体が「子育て世代の移住者を増やしたい」と本当に望んでいるのであれば、教育委員会や小学校の教職員だけでなく、すべての保護者と児童も協力して「地元の人たちにとっても、多様な価値観を持つ移住者たちにとっても住みやすい教育環境」となるよう努力すべきだ。私たちが２００２年３月末に移住したときには、地区のＰＴＡ支部長の保護者が「この地区や学校になじめるように」と学校が始まる前に同じ地区の保護者を集めて茶話会をしてくれたことを思い出す。また実際に学校が始まると、最初の保護者会で「なるべく早くクラス懇親会を開いて、藻谷さんたちがなじめるようにしましょう」と発言してくれた保護者の方がいて、本当にありがたかった。

ちなみに田中さん夫妻は、村に移住してきてご近所づきあいにおいては、特に嫌な思いをしたことはないそうだ。また奈緒美さんは長男へのいじめのようなことは、都会も地方も関係なく起こることだと考えている。

奈緒美さんは、「地方移住で大切なのは、安住の地や楽園にたどり着くことではなく、自分たちがどこに移住しても、そこでの生活を楽しめることと、何とか仕事をして生きていけること」だという。さらに「移住先を終の棲家《すみか》にしない可能性を、どこかに残しておくことも重要だと気づいた」とのことだ。

地元の人は移住者に対して、「ここに骨を埋めるつもりで移住してほしい」と望んでいるかもしれない。しかし奈緒美さんがいうように、移住者としては「またどこにも移住できる」という余地を持っているほうが、移住生活において心のバランスを保つことができるのである。

事例⑦ パン屋の店舗を東京から長野に移転、製造方法を変え、働き方改革を推進

［長野県上田市　石窯パン ハル経営　春野《はるの》仁宣《ひとのり》さん、里美《さとみ》さん］

東京・高田馬場でベーカリーカフェを経営していた春野仁宣さん・里美さん夫妻は、リーマンショックや東日本大震災をきっかけに地方移住を考えた。そして2012年に長野県上田市に店舗を移転、二児にも恵まれた。そしてパン屋と子育てが両立するように、働き方改革を行った。

パンの販売を担当する春野仁宣さんは東京都出身で1965年生まれ。大学卒業後は酒造メーカー等に勤務してマーケティングの仕事をしていた。親族に自営業が多く、いつかは独立して店を持ちたいと思っていた。パン職人の妻の里美さんは愛知県出身で1976年生まれ。大学卒業後は就職氷河期であったためになかなか正社員の仕事につけず、フリーペーパーのライターなどをしていた。そして仁宣さんの勤務先に里美さんがアルバイト

として入社したことをきっかけに、２人は２００１年に結婚した。結婚後、里美さんは将来お店を持つ準備として東京・自由が丘のベーカリーカフェに勤務し、店舗経営とパン作りを実践的に学んだ。

そして春野夫妻は２００３年7月に、念願のベーカリーカフェを高田馬場で開業した。学生アルバイトを5人雇い、初年度から年商が２０００万円以上という、順調なスタートを切った。しかし２００８年のリーマンショック後から売上が下がり始め、さらに東日本大震災があった２０１１年以降、売上は最盛期の半分ほどに落ち込んでしまった。

一方、春野夫妻は代々木公園で開催される東京朝市・アースデイマーケットに、２００８年から毎月のように出店していた。このマーケットで、地方移住して有機野菜を作る農家と出会い、「自分たちも、自然豊かな地方で、パン屋を『なりわい』として暮らしたい」と思うようになった。実際に長野県などを回り、「街に清潔感があり、自然が身近にある」長野県上田市への移住を決めた。

そして2012年6月に夫婦2人で運営するスタイルで、「ベーグル屋ハル」を上田市の海野町商店街にオープンした。上田移転後の年商は1000万円前後であるが、「高田馬場では27万円だった店舗賃料が、上田では3分の1の9万円になったため、経営に余裕ができた」という。日々の暮らしも都会とは一変した。春野夫妻は東京とほぼ同じ家賃で5LDKの一戸建てを借り、自宅に隣接する土地を無料で借りて、家庭菜園を楽しんでいる。また上田移住後に一男一女に恵まれたが、東京と違い上田では保育園に入るのも容易だった。子供たちが通う保育園は町中にある店舗からも近いが、敷地には畑があり、園児たちがトマトやキュウリなどの野菜を作って給食で食べるという、都会では考えられない恵まれた環境である。

石窯パン ハルの店舗（筆者撮影）

上田移転後は、パン屋として地元の長野県産小麦を購入して使うだけでなく、上田市に隣接する青木村を中心に有機小麦を栽培・加工・消費する活動を立ち上げ、生産者や消費者とも連携している。都会では分断しがちな「ワーク」と「ライフ」だが、地方移住によって「有機小麦でパンを焼く『なりわい』」と「畑がある自然豊かな『くらし』」がつながった。

そして2019年の秋に、「なりわい」のスタイルをさらに変えた。パンの種類を減らし、製造方法を変えることで労働時間を短くする働き方改革をしたのである。ヒントになったのは、広島市のパン屋店主が書いた『捨てないパン屋』（田村陽至著、清流出版）という本だ。この店では有機小麦と塩、水のみを使い、自家培養発酵種でパンをゆっくり発酵させ薪窯で焼き上げる。このようにヨーロッパ本来の製法で焼かれた「冷蔵庫で2週間保存できる日持ちがするパン」を製造することで、全国への通販も可能になる。

春野夫妻は広島市まで研修に行き、2019年10月には富士山溶岩石を使った石窯を導入し、「石窯パン ハル」としてリニューアルオープンした。そしてカンパーニュや食パン

春野仁宣さん・里美さん夫妻（筆者撮影）

をメインに、焼き上げるパンの種類を少なくして、労働時間を短くする働き方改革を実行した。それ以前は多種類のパンを作るため、里美さんは早朝から12時間働いていたが、数種類のパンを焼く今は7時間ほどで終わる。また働き方改革以前は平日午前中の保育園行事に全く参加できなかったが、今では参加できるようになった。今後は商圏を全国に広げるため、「ヨーロッパ本来の製法で日持ちがするパン」の通信販売に力を入れていく予定だ。

　春野夫妻は地方移住をきっかけに、店舗賃料を削減して経営に余裕をつくり出し、自分たちが理想とする「くらしとなりわい」を実現している地方移住のモデルケースである。

第6章◉Iターン移住して起業する

この章では、Iターン移住し起業した4事例を紹介する。地方移住と同時に起業をするのはリスクが高いと思う人もいるだろう。しかしこの章の4事例では、起業する前に様々な準備をしており、都会で働いて得た「強み」を活かして、地方で起業していることがわかるだろう。

事例⑧の是本健介《これもとけんすけ》さんはホンダのエンジニアからチーズ工房を起業し、事例⑨の豊田陽介さんはハウス食品を退職してカレー屋を開業した。いずれも「大企業のメンバーシップ型」から「スモールビジネスのジョブ型」へのパラダイムシフトを実現している。

事例⑩の石坂大輔さんは、証券会社のトレーダーから長野県山ノ内町の老舗温泉旅館を事業承継し、さらに長野県栄村の秘境、秋山郷にある温泉旅館の再生プロジェクトを手掛けている。また旅行会社として学生インターン事業や人材紹介業も手掛けるなど、地域に貢献できる事業を「複業」している。事例⑪のたつみかずきさんは、長野県小谷村の古民家民泊を手始めに、様々ななりわいを長野県で起業して「複業」している。

この章の4事例ともに、既存の建物をリノベーションして活用し、資本の投資効率を高めていることにも注目したい。この点でも「地方移住して起業」をするメリットがある。

この章の最後にコラムとして取り上げた、長野県東御市の玉村豊男さんは、エッセイストからワイナリーオーナーになり、画家でもある。3つの仕事を見事に「複業」して、地域活性化にも多大なる貢献をしている。本来なら事例として取り上げるべきであるが、移住してすでに30年近く経っているため他の事例とは並列せず、コラムとして紹介する。地方移住して起業し、その地域を変貌《へんぼう》させるような事業展開をした玉村さんは、まさに「地方移住のレジェンド」的な存在である。ぜひ若い世代にも地方移住して起業するロールモデルとして知ってほしい。

事例⑧　ホンダのエンジニアがチーズ職人に、地域資源を活かしたチーズ作りに挑戦

[長野県佐久市　株式会社ボスケソ代表取締役兼CCO（最高チーズ責任者）　是本健介さん]

長野県佐久市の望月地区で「ボスケソ・チーズラボ」を運営する是本健介さんは、航空

宇宙工学の博士号を持つホンダの元エンジニアで、17年間のサラリーマン生活を捨てて、長野県佐久市に移住し、チーズ職人として起業した異色の経営者である。

是本健介さんは福岡県出身で1969年生まれ。九州工業大学を卒業後、東北大学大学院に進学し航空宇宙工学で博士号を取得した。その後は株式会社本田技術研究所に入社して、空気力学の専門を活かしてF1の車体開発やビジネスジェット開発等のエンジニアとして働いた。ホンダで研究開発をする仕事はやりがいがあったが、是本さんは「経営企画もやってみたい」と希望していた。しかしエンジニアが経営企画部門に社内異動することは難しい。そこで是本さんは2007年にオンラインで経営が学べるビジネス・ブレークスルー大学大学院に入学し、経営全般やマーケティング理論を学び、会社以外の人脈も培うことができた。

また是本さんの祖母は郷土料理研究家で、子供のころから漬物などの発酵食品が常に身近にあった。是本さんは、たまたま見つけたカルチャースクールでナチュラルチーズセミナーを受講し、チーズの奥深さに魅せられる。その後「チーズプロフェッショナル」の資格を取得し、全国チーズコンテストの審査員を務めたりした。さらにチーズ作りにものめりこみ、会社の長期休暇には北海道のチーズ工房に滞在して、本格的なチーズ作りを経験したり、自宅のキッチンでチーズを作ったりしていた。

是本健介さん（筆者撮影）

「車の開発とチーズ作り」というと、一見何の関係もないように思うが、是本さんにとっては「『試作↓計測↓評価』というサイクルを回していくことにおいては、同じ開発プロセス」とのことだ。違う点は、車の原材料は工業製品なので均一なのに対し、チーズの原材料の生乳は牛やヤギの体調・天候によって変化するので、その分の調整が必要になるということである。またチーズには熟成というプロセスもあり、時間ともに味が変化していくので、それに対応する技術も必要になる。

「好きなチーズを作って起業したい」という想いが強くなった是本さんは、チーズ工房を設立する土地探しを始める。妻の聡子さんの祖父母の家が長野県佐久市浅科にあり、週末に別荘として住んでいた縁で、是本さんは佐久市にチーズ工房を作って起業することを決意した。佐久市に隣接する東御市には1980年代から「アトリエ・ド・フロマージュ」や「清水牧場」（現在は長野県松本市奈川に移転）といったチーズ工房があって成功しており、「この地でチーズ工房を開業するポジティブなイメージを持てた」という。佐久市浅科の自宅近辺は農地しかなかったため、是本さんは佐久市望月にある春日温泉に宅地を購入し、そこにチーズ工房を開設することにした。

是本さんは会社を退職して2015年12月に会社を設立し、チーズの製造設備に必要な5000万円の開業資金を募ったところ、ファンドからの出資や金融機関や親族からの借入などで調達できた。その後、東御市御牧原にある小林牧場で牛乳生産の現場研修を半年間させてもらい、2016年12月に念願の「ボスケソ・チーズラボ」を開業する。佐久市望月地区は平安時代から名馬の産地として知られ、望月地区の春日温泉には馬事公苑とクラブハウスがあった。そのクラブハウスのカフェが使われていなかったので、是本さんはそこを借りてチーズを使った料理やスイーツを楽しむカフェ「ウマバル」を2019年4月に開業した。是本さんは祖母の影響で料理が得意なため、チーズを使ったカフェのメニューも開発している。

また佐久地域には「39BAR」という食に関する人々が集まる会があり、そのメンバーはパン屋、生ハム屋、フレンチ・イタリアン・和食の料理人、有機農家、日本酒酒蔵杜氏・経営者、ワインのソムリエなど多彩だ。この会に誘われた是本さんは佐久穂町にある黒澤酒造の経営者と知り合い、酒蔵の乳酸菌を使ったチーズを開発した。さらにチーズ作りに近くの温泉水を使うなど、地域資源を積極的にチーズ作りに取り入れている。今後も是本さんは「地域の『食』と『職』をチーズで繋《つな》ぎ、地域の素材を活かした独自のチーズ文化を発信していきたい」という。

チーズ工房を創業して3年目、是本さんは信州ベンチャーサミット2018に「ボスケソ」の起業事例と将来像で応募し、見事グランプリを受賞した。そんな是本さんのところには「起業したい」という人が訪れるが、「そういう人たちと話していると、起業そのものが目的になっているような気がします。そうではなくて、自分が本当に好きなものを見つけることが大事。起業したら資金面でも事業面でも大変なことが多いのですが、私はチーズが大好きだから乗り越えられていると思います」という。

「チーズの魅力は?」と是本さんに聞くと、「チーズは主役にはならないけれど、何にでも合う食材です。お酒ならワインだけでなく、日本酒にもとても合います。パスタにもピザにも使うし、リゾットにするとお米にもよく合うことがわかります」といい、「そして自分もチーズのように『何にでも合う存在になりたい』と思っているんですよ」とはにかみながらいった。是本さんはエンジニアならではの「ものづくりにこだわったチーズ職人」であるが、それにとどまらず地域の様々な人と交わり、その地域ならではの食材をチーズ作りに取り入れて、地域の物語とともに発信することにも熱心だ。

ビジネスがうまくいくためには、「よい商品を作るだけでなく、それを上手に販売すること」が重要である。換言すれば「よい職人であるだけでなく、よい商売人であること」で、これは車の両輪にも例えられる。「博士号を持つエンジニア出身のチーズ職人」は「単なるチーズオタク」になる可能性もあったが、是本さんは「よい職人とよい商売人」の両方のバランスを取るように努力して、さらに地域の食文化にも貢献しようとしている点が素晴らしいと思う。

事例⑨　お試し移住と二拠点居住を経て大手食品会社を脱サラ、カレー屋を起業

［長野県佐久穂町　カレー屋ヒゲめがね経営　豊田陽介《とよだようすけ》さん］

「田舎町に家族5人で移住し、脱サラしてカレー屋を起業」と聞くと、「大丈夫？」という人と、「うらやましい！」という人に分かれるだろう。豊田陽介さんは17年間のサラリーマン生活に別れを告げ、長野県佐久穂町に家族5人で移住し、サラリーマン時代に得たスパイスの専門知識を活かして2020年6月に「カレー屋ヒゲめがね」を開店した。

豊田陽介さんは千葉県佐倉市出身で1979年生まれ。中学生の時に父の浮気が原因で母子家庭となり、思春期にはかなり荒れた時期もあったという。その時の経験から「人から嫌われたくない」ということと、「父親になったら、あたたかい家庭を築きたい」という価値観を持つようになった。大学卒業後、カレーが好きだったことからハウス食品株式会社に入社した豊田さんは「人に嫌われないために」、周囲の期待がどこにあるのかを探

り、その期待に応えるために自分を律するようにして、大会社のサラリーマンとして働いた。そして社内結婚した愛子さんとの間に男女2人の子供も生まれ、順調にキャリアを重ねていた。

しかし豊田さんは、それまでの価値観が変わる出来事に直面する。まず新規事業担当となり、社外の人と交流を持つようになると、人の期待に応えることができても、自分を主語にして考えたり話したりできないことに気がついた。また同じ時期に妻の流産を何回か経験し、「子供が無事生まれてくることは、当たり前のことではない」ということを痛感したという。

これらのことから3人目の子供が生まれたときに思い切って、「1年間の育児休業を取りたい」と上司に申し出た。豊田さんは上の2人の子供の出産の際それぞれ5日間の育児休業は取っていたが、「3人目はじっくり子供たちとも付き合いたい」ということで1年間の育児休業を希望したのだ。当時勤めていた会社では、男性が1年間の育児休業を取るのは豊田さんが初めてのケースだった。上司だけでなく収入が減るのではないかと心配する妻も説得して、1年間の育児休業を取得した。豊田さんは生まれたばかりの乳児の世話の大変さ（特に夜中の2時間おきの授乳）に驚き、またオンとオフが切り替えられない家庭の主婦の苦悩がわかり、「これなら会社で仕事している方が楽だ」と思ったそうだ。そして育児休業中は家族と濃密な時間を過ごし、家族が一緒にいることの大切さを実感する。

豊田さんは育児休業中に、将来住むことになる長野県佐久穂町に「1か月のお試し移住」をしている。長男が虫を捕るのが好きなことと、妻が就農に興味があったためで、知人の紹介で佐久穂町のお試し移住の住宅に滞在した。佐久穂町は人口約1万人の町で、北陸新幹線が通る佐久平駅から中部横断自動車道で15分くらいのところにあり、東京からのアクセスが良い。また佐久穂町の八千穂高原には広大な白樺林があり、北欧のようなロマンチックな観光地として人気がある。

佐久穂町でお試し移住した1か月間、豊田さんは豊かな自然環境や魅力的な地元の人々と出会うことができたが、もう一つ重要な出会いがあった。それは佐久穂町で２０１９年4月に開校した日本初のイエナプランスクール、大日向小学校である。豊田さん一家が佐久穂町に滞在したのは開校前の2018年の夏で、大日向小学校の学校体験プログラム「夏のがっこう」に参加したところ、小学校入学前の長男がいきいきと活動する姿が印象的だった。

佐久穂町での1か月のお試し移住を終えた後、「家族で佐久穂町に移住し、子供たちを大日向小学校に通わせたい」と思うようになった豊田さんは、2019年4月から長野県佐久市に家族で移住し、長男は大日向小学校に入学した。そして豊田さんは平日東京で働き、週末に家族がいる佐久平に帰るという二拠点生活を始めた。

その後、「やはり家族で佐久穂町に住みたい」という想いが募り、豊田さんは佐久市近辺で転職の機会を探したが、なかなか思うような就職先が見つからず、起業を考えるようになる。もともとカレーが大好きでハウス食品に入社し、「スパイスマスター」という社内資格を持っていたことから、カレー屋での起業を模索する。そんな時、佐久穂町で「mikko」というドーナッツ屋を経営する塚原諒さん（事例①）が店舗スペースを貸してくれ、カレーのイベントを2回開いた。その際に地元の参加者から「このカレーをまた食べたい」といわれたことも、起業を後押しした。さらに首都圏にある人気のカレー屋で事情を話して修業させてもらい、起業の準備を重ねた。

そして豊田さんは２０２０年３月にハウス食品を退職し、佐久穂町に家族で移住し、カレー屋の開業準備を始めた。以前スナックだった店舗付き住宅を格安で購入し、地元業者の協力を得ながら自らも手を動かしてリフォームした。豊田さんの提供するカレーは、前職で学んだスパイスの知識や経験を活かした「スパイスカレー」だ。それぞれのスパイスの香りを引き出し、食べると「細胞から元気になるカレー」を目指している。そのカレーには佐久穂町で収穫される新鮮な有機野菜も使い、佐久穂ならではの、そして豊田さんならではの「唯一無二のスパイスカレー」が提供される。

豊田さんは開業前の２０２０年４月21日から、店舗の宣伝もかねて、「人生に選択肢を。Iターンで始める小さなカレー屋プロジェクト」を企画し、クラウドファンディングで「お店の看板作成費」として目標額50万円を募集したところ、なんと募集開始後４時間で目標額の50万円を達成できた。その後も豊田さんの起業ストーリーは多くの人の共感を得て、最終的には1か月の募集期間で２１３名の支援者から約２５０万円の支援金を集めることができた。支援価額ベースで集計すると、「カレーレシピとスパイスを送付」というリターンを約35％の支援者が希望し、「店舗のカレーの回数券・定期券・カレー教室」というリターンは約25％の支援者があった。残りの約40％は、「3万円で一年間、店の経営状態をお知らせする」「３０００円で店のホームページに名前を掲載する」という物質的なリターンが一切ない、店の経営に対しての支援者であった。いかに豊田さんの移住・起業プロジェクトが共感を呼んで、クラウドファンディングを通じての支援につながったかがうかがえる。

豊田陽介さんと店舗（本人提供）

豊田さんの「田舎町に移住してカレー屋を開業」というIターン起業は、いろいろな起業・移住パターンを見てきた私から見ると「用意周到に準備したIターン起業」である。まず17年間の大手食品会社のサラリーマン経験があり、「スパイスマスター」の資格を持っているカレー屋で起業している。また地元でトライアルのイベントを2回開催し、首都圏の人気カレー屋でも修業している。さらに移住に関しても、1か月のお試し移住をし、そのあと1年間の二拠点居住を賃貸住宅で過ごし、起業を決めてから店舗兼住宅を探して移住している。佐久穂町への移住理由も「豊かな自然を求めて」というだけでなく、「教育移住」の目的があることも「強いWHY」になる。豊田さんは「『こんな生き方もあるんだ』という前例を作ることで、誰かが一歩を踏み出す後押しになれば」と語る。

長野県に移住して1年が過ぎたところであるが、移住してよかったことについて、豊田さんは「自然環境が素晴らしく、特に長男のぜん息がよくなったことがうれしい」と語る。一方、妻の愛子さんは「都会よりも面白い人とつながりやすい」という。地方での人間関係は「保守的で閉鎖的」という側面はもちろんあるが、一方で都会よりもコミュニティが小さい分、気が合う人やユニークな人と出会う確率も高い。

開店準備を進める過程で豊田さんは、「地方では、都会のビジネス感覚ですべて進むわ

豊田陽介さん（筆者撮影）

けではない」ということを経験し、「地方のビジネス習慣を尊重することも大事だ」と思うようになった。私も長野県に移住して18年、自治体や仕事の取引先などについて様々なことを経験し、いまだに仰天することも不満に思うことも少なくないが、「自分の常識がすべてではない」と思うようにすると楽になる。これから移住する人たちは、こうした地方移住で出会う「ちょっとした違和感」を飲み込みながら、地方での生活のよい面をエンジョイしてほしいと思う。

2020年6月17日大安吉日に、豊

田さんは「カレー屋ヒゲめがね」を佐久穂町でオープンした。私も開業後にお店を訪問したが、近所の人々が次々と訪れて繁盛していた。佐久穂町の中心部から栄橋を渡ってすぐのところにあり、駐車場もわかりやすい。「佐久穂町のカレー屋」として、景色になじんでいた。

事例⑩ 老舗の温泉旅館を再生後、秘境の温泉旅館の救済にチャレンジ

［長野県山ノ内町　株式会社ヤドロク代表取締役社長　石坂大輔さん］

長野県山ノ内町の渋温泉に移住し、築90年以上の「小石屋旅館」を再生した石坂大輔さんは、旅行関係の業務や秘境の温泉旅館の救済など様々な事業を「複業」し、地域に良い化学反応を引き起こしている。

石坂大輔さんは埼玉県出身で1980年生まれ。東京の証券会社でトレーダーをしていた。2014年の冬、石坂さんは趣味だった競売情報をネット上で見ていると、長野県山ノ内町の渋温泉にある築90年以上の小石屋旅館が400万円弱で競売にかけられているのに気がついた。石坂さんは渋温泉には行ったことはなかったが、近くに生息するスノーモンキー（冬に温泉につかるニホンザル）を目当てに、多くの外国人旅行客が訪れることを知っていた。大学時代に1年間休学してヨーロッパやアジアをバックパッカーとして回った

ほどの旅行好きで星野リゾートに勤務した経験もあり、「いつかは旅館を経営したい」と考えていた石坂さんにとっては、またとないチャンスだった。

石坂大輔さん（筆者撮影）

石坂さんは小石屋旅館を落札し、改装費用として日本政策金融公庫から2000万円を借りた。そして長野市でリノベーション物件を手掛ける設計士やデザイナー等とともに、昭和の木造旅館の和の雰囲気を残しながら、カフェと水回りを中心にリノベーションを行った。素泊まりで宿泊費を抑え、カフェで好きな食事や飲み物を注文する「泊食分離」にしたところ、開業時からAirbnbなどのオンライン旅行サイトを通じて外国人観光客の予約が集まり、順調なスタートを切ることができた。

小石屋旅館は温泉街にありながら、温泉がない。地方の温泉街には「旅館の所有者が変わると、温泉権は継続されない」としてよそ者の新規参入ができないところがあるが、小石屋旅館の競売情報にもそれが明記されていた。石坂さんは主なターゲットである外国人旅行客にはシャワーだけでいいし、旅館組合に加入すれば渋温泉の9つの外湯巡りができると考えていた。ところが、「新規加入の条項がない」という理由で、開業当初、渋温泉の旅館組合には加入できなかった。

渋温泉小石屋旅館（筆者撮影）

石坂さんは持ち前の明るい性格で近隣の旅館とも積極的にコミュニケーションをとり、集客の相談にも乗っているうちに、オンライン旅行サイトでの集客が得意ではない旅館のために予約代行業務をサポートし始めた。また渋温泉の旅館や同じ山ノ内町にある志賀高原のホテルの人材不足対策として、開業初年度から学生インターンの人材紹介業も手掛けてきた。学生インターン数は年々増え続け、2019年には14大学から約100名が参加した。こうした地域の活性化への貢献が徐々に認められて、2019年4月には渋温泉の旅館組合に小石屋旅館は新規加入できることになった。

さらに石坂さんは2019年9月から、長野県栄《さかえ》村・秋山郷《あきやまごう》にあり、村の第三セクターの経営だった「雄川閣《ゆうせんかく》」という宿泊施設の運営を受託し、活動領域を広げている。秋山郷は日本の秘境の一つで、一番近いコンビニでも車で1時間かかる。秋山郷の切明《きりあけ》温泉は、川原に湧き出る温泉をスコップで掘ってマイ温泉を作る（水着着用）ことができるが、日本でこのようなことができる温泉は数少ない。また秋山郷にはクマやシカを猟でしとめるマタギの文化があり、かつジビエ肉の加工場も近くにある。「雄川閣」で提供している「ジビエのしゃぶしゃぶ」はこの土地ならではの魅力的なローカルコンテンツとなっている。

渋温泉の「小石屋旅館」はスノーモンキー目当ての観光客が多い12月から3月までが繁

忙期である。一方、秋山郷の「雄川閣」は、夏場の川遊びや秋の紅葉が楽しめる5月から11月の開業で、秋山郷は日本でも有数の豪雪地であるため、冬は開業していない。このように2つの宿泊施設を「複業」することにより、季節によってスタッフの適切な社内配置が可能になるのである。

長野県栄村・秋山郷「雄川閣」(ヤドロク提供)

長野県栄村は、新潟県との境にある人口1800人弱の小さな村である。石坂さんが「雄川閣」の運営受託をすることになると、栄村では「渋温泉で老舗旅館を再生したカリスマ経営者が、『雄川閣』の再生に乗り出すらしい」と評判になったそうである。小さな村では石坂さんの存在感が大きく、「存在欲求」を満たすことができる。このように6年前には東京でトレーダーだった石坂さんは、渋温泉の小石屋旅館の経営だけにとどまらず、地域の観光業の様々な面で活動領域を広げている。

事例⑪ 「地方に来る、棲む、働く」をプロデュース、肩書きなしで活動

［長野県塩尻市 たつみかずきさん］

肩書きを持たずに多方面で活躍するたつみかずきさんは、大阪府から長野県に移住して10年、地方移住のハードルを下げるために、「地方でのくらしの場となりわい」を創り出してきた。

たつみかずきさんは、1986年、大阪府高槻市生まれ。年の離れた兄と姉がいる。父親の強い希望で小学校4年生から6年生の3年間、長野県小谷《おたり》村に山村留学した。たつみさん自身は適応能力が高く小谷村の生活にすぐに慣れたが、他の山村留学参加者はホームシック状態で、特に最初の晩は大泣きしている子供が多かったという。たつみさんの兄も山村留学したが、1年で大阪に帰っており、「子供だけが山村留学するのは、子供にとっても運営者にとっても大変なこと」だそうだ。また山村留学で小学校を卒業して都会の中

学校に戻った時に、「逆カルチャーショック」を受ける子供たちも多いという。たつみさんが参加した小谷村の山村留学のプログラムは、21年間で450名の留学生を受け入れた後、2006年に休止となっている。

たつみさんは大阪に戻っても、持ち前の明るさで中学校と高校を楽しく過ごし、高校3年生の時には5か月間カナダに語学留学した。その後は京都の大学の経営学部に進学し、大学でもサークルやバンドをいくつも掛け持ちし、充実した学生生活を送っていた。大学1年生の終わりごろに、たつみさんは経営学の教授に「先生はどんな会社を経営したのですか？」と質問したところ、その教授が経営経験なしに経営学を教えていたことを知り「これでは大学で経営学を学ぶ意味がないのでは」と思って大学を中退する。大学中退後は、イベント企画の会社を立ち上げて運営した。

たつみさんが22歳の時、父親が会社を定年退職し、「小谷村に古民家を買った。一緒に移住しよう」といわれ小谷村に二人で移住、たつみさんは小谷村役場の職員に応募して採用される。「山村留学で3年間過ごした村だったので、大人になって戻ってきたら歓迎されるだろう」とたつみさんは期待していたが、村の人にとっては外から来たよそ者であることに変わりはなく、地域に自分の居場所を作れなかった。話ができる同年代の友だちは1人だけで職場にもなじめず、たつみさんはこの時に「せっかく地方に移住しても、自分と同じような孤独を味わったとしたら、都会に帰ってしまうだろう」と実感したそうだ。

そこでたつみさんは移住のハードルを下げて地域への入り口を創るために、父親と一緒に住んでいた古民家を「古民家ゲストハウス梢乃雪《こずえのゆき》」として宿泊所の営業を開始、村の職員を退職した。その後、2015年に「LODEC Japan 合同会社」を設立し、大町市でゲストハウスとシェアハウス2軒の運営を手掛けた。

たつみさんがLODEC Japanでやったことは、地方に移住者が入ってきやすいように、泊まる「ゲストハウス」、棲む「シェアハウス」、働く「ローカルビジネス」を創ることである。ただ地方に家と職場があるというだけでは、たつみさんが小谷村に移住して経験したような「孤独感」を味わうことになりかねない。地方に移住したら、住んで働き、コミュニティに参加することが必要だが、そのコミュニティには「地元の若い人たちも混じりあうことが重要」とたつみさんは強調する。

たつみさんはLODEC Japanを通じて、WEBコンテンツ制作や写真撮影、中古車販売業、また古物商の免許を取得しアンティークショップ経営にも取り組んでいる。それらは「田舎で暮らしているうちに、周りから必要とされた『なりわい』だった」とのことである。さらに「どのように地方生活を楽しくするか」などの講演を全国で行い、ノウハウの提供をしてきた。

たつみかずきさん（筆者撮影）

たつみさんにとって「なりわい」とは、「月30万円の給与を1か所からもらうのではなく、月5万円の売上がある事業を6種類行う」ということだ。この本で提唱したパラダイムシフトである「メンバーシップ型からジョブ型へ」を実践し、「何種類かの複業」を展開しているのだ。そしてある程度ビジネスが軌道に乗ったら、たつみさんは一緒にやってきた人にそのビジネスを手渡してしまう。最初に手掛けた「古民家ゲストハウス梢乃雪」の所有権はたつみさんの父親にあるが、経営権については日々運営してくれているスタッフに無料で譲渡したそうだ。

たつみさんは現在、塩尻市内の旧中山道「贄川宿《にえかわしゅく》」にある「坂勘《さかかん》」と呼ばれていた古い旅館をシェアハウス「宿場 noie 坂勘」として運営している。たつみさん自身もそこに住んで、移住者や二拠点居住者とワイワイ楽しく過ごしている。「宿場 noie 坂勘」は「ローカルビジネスの実践の場」として機能しており、シェアメイトやそこに集う仲間たちが、背骨コンディショニングや英語教室、本屋、アンティークショップなどのビジネスを展開して、お互いに切磋琢磨しながら暮らしている。贄川宿の近所の人たちも、若い人たちがここに移り住んで、にぎわいを作り出していることに好意的だという。

たつみさんの元には「地方に移住したい」という人が多く訪ねてくるが、「『地方って人が足りないでしょう、だから来てやった』という上から目線の人」や、「まちづくりや社会課題の解決、地域活性化の仕組みづくりだけが目的の『意識高い系の人たち』」がいるそうだ。いずれも「地域の表面的な情報しか知らずに活動する」という共通項があるという。一方地域の人たちにも改善すべき点があり、「地域に来た人たちに、地域のより深い情報を伝えていく努力が必要だ」とたつみさんは考えている。

「結局、『愛があるかどうか』なんです。地域やそこに棲む人たち、そしてなりわいに対する愛があるかどうかが重要」とたつみさんはいう。こうしたことに気づいたのも、たつみさん自身が最初に移住した小谷村で孤独だった苦い経験からであろう。

たつみかずきさんが目指すのは、「好きなところに好きな人と棲んで、好きな仕事をする『選択の自由』がある世界を創ること」だ。2019年から「肩書きなしで活動しよう」と決心したたつみかずきさんは、地方移住の背景にある3つのパラダイムシフト「メンバーシップ型からジョブ型へ」、「専業から複業へ」、「所有欲求から存在欲求へ」、を見事に体現する「新しい地方移住のロールモデル」である。たつみさん自身がロールモデルであると同時に、地方移住や地域おこしを志す人たちに、地方移住できる拠点と機会、ノウハウをも提供しているところが素晴らしい。

コラム　地方移住のレジェンド　玉村豊男さん

「地方移住して農業をしたい」という人は多い。しかし新規に就農するには体力がある20代や30代が望ましい。逆にチーズ製造やワイナリー経営といった「農産物の加工業」の場合には、事例⑧の是本さんのように、製造の設備投資や商品のマーケティング力が必要になるので、今までの社会人経験を活かして40代以降でも取り組むことは十分可能である。

私が移住した長野県東御《とうみ》市は、旧東部町と旧北御牧村が２００４年に合併してできた人口わずか3万人の市である。市内には10のワイナリーと8つのヴィンヤード（ワイン用のぶどう畑）が集積している。おいしいパン屋が市内には6軒ほどあるが、「パン屋の数よりワイナリーが多い市」なのだ。東御市のワインストーリーは、１９９1年に玉村夫妻が旧東部町に移住し、１９９2年に自宅前の荒地を開墾して５００本のワイン用のぶどうの苗を植えたことから始まった。農業は全くの未経験ながらワイナリーオーナーとなり、東御市を日本有数のワインシティにした玉村豊男さんの事例は、40代以上の地方移住者に希望を与えてくれる。

エッセイストの玉村豊男さんは東京都出身で1945年生まれ。「新しい田舎生活者」を目指して1983年に東京から長野県軽井沢町に夫婦で移住した。しかし1986年に輸血で慢性肝炎となり、残りの人生を田園で農業をしながらのんびり暮らすことを決意する。東部町にフランスの田園地帯のような眺めのよい土地を見つけ1991年に移住、夫婦二人で荒地を開墾して様々なハーブや野菜を植えた。東京大学文学部仏文科卒でフランス留学経験があり、ワイン好きの玉村さんは、翌年メルローとシャルドネの苗木500本を入手して、畑の余っている土地に植えたという。

当時大手酒造メーカーがこの地にワイナリー建設を計画しており、玉村さんは近隣の農地をワイン用のぶどう畑へ転換することなどをサポートしていた。ところがこの計画が中止となり、若いワイン醸造家が路頭に迷う状況下、玉村さんは個人でこの地にワイナリーを設立することを決意する。家族の猛反対もあったが1億円以上を借金し、建設費約1億6000万円をかけてレストランを併設した「ヴィラデスト　ガーデンファーム　アン

玉村豊男さん（ヴィラデスト提供）

ド　ワイナリー」を２００４年４月に開業した。その後ヴィラデストのワインは２００８年の北海道洞爺湖サミットの首脳会食で供され、また同年の国産ワインコンクールの欧州系白ワイン品種部門で金・最優秀カテゴリー賞に選ばれている。

玉村さんのもとには「自分もワイン用のぶどうを育てて、ワイナリーをやりたい」と希望する人たちが訪れるようになる。ある地元出身者が「ワインアカデミーと委託醸造施設を設立し、千曲川沿岸に小規模ワイナリーを集積させて地域を活性化する」プロジェクトを企画した。玉村さんはワイン産業やワイナリー経営などについてアドバイスをしていたが、結局その人はこのプロジェクトを途中であきらめてしまった。

玉村さんがこの構想を『千曲川ワインバレー 新しい農業への視点』（集英社新書）に著したところ、農林水産省の6次産業化ファンド関係者がヴィラデストを訪れて「ぜひこのプロジェクトを玉村さんがやったほうがいい」とすすめられた。結局、玉村さん自身がこのファンド等からの投融資や農林水産省の補助金を活用し、投資総額約2億5000万円をかけて、ワイン用のぶどうの栽培からワインの製造・販売まで教える「千曲川ワインアカデミー」と小規模ワイナリーの委託醸造を受ける「アルカンヴィーニュ」というワイナリーを2015年に設立した。

千曲川ワインアカデミーからは毎年約30名が巣立ち、卒業生は長野県内外で新しくワイナリーを設立している。玉村夫妻には子供がいないが、ヴィラデスト出身の「玉村チルドレン」は、長野県内でレストランやパン屋などを開業している。例えばヴィラデストの農園で働いていた神奈川県出身の宮野雄介さんは、ヴィラデストの厨房スタッフの女性と結婚。東御市内で西洋野菜やワインぶどうを栽培する「アグロノーム」を経営し、3男2女

ヴィラデスト全景（ヴィラデスト提供）

の子供たちとにぎやかな家庭を築いている。

東御市のワインツーリズムの中心地となったヴィラデストには毎年3万人以上の観光客が訪れ、ワインぶどう畑の風景とともに、この地でできたワインと地場野菜の食事を楽しんでいる。玉村さんはエッセイストとして知られているが、実は日本画家の玉村方久斗《ほくと》の八男である。田舎暮らしを始めてから玉村さんは親譲りの画才を発揮して、田園風景を描き始めた。今ヴィラデストのショップには、玉村さんが果物や野菜を描いたプレートや様々なグッズが並べられ、玉村さんの絵を飾ったギャラリーも併設されている。エッセイストで画家、さらにワイナリーオーナーでもある玉村さんは、まさに本書で提唱した「複業」を見事に体現している。

そして玉村さんが東御市で築いた2つのワイナリーとワインアカデミーの存在は、都会から地方への「移住人口」と「交流人口」を増やすことに大いに貢献している。魅力的な移住者は人をひきつけ、ときに地域を変えるほどの力を発揮するのだ。人口3万人の東御市を約30年間かけて国内有数のワインシティに変えた玉村さんは、まさに「地方移住のレジェンド」といえる存在である。

第7章●決まった地域に移住して同じ仕事をする

この章では、様々な理由から決まった地域に移住をして、移住前と同じ仕事を継続する3事例を紹介する。

事例⑫の村上さん夫妻は、長野県に孫ターンをして家賃をゼロ円にし、夫婦ともに都会でしていたのと同じ仕事を継続して、家族4人で田舎生活をエンジョイしている。

事例⑬の江戸しおりさんは、福井県鯖江《さばえ》市の「ゆるい移住」という企画に参加したことから福井県との縁ができ、フリーライターとして福井県の魅力の発信を始めた。そして福井県勝山市の男性と結婚後も、東京と福井の二拠点で活動している。

事例⑭の毎日新聞記者の坂根真理さんは、子供を私立小学校に入学させるために長野県佐久穂《さくほ》町に「教育移住」をした。職場の理解を得て東京本社から長野支局に転勤し、新聞記者の仕事を継続し、また地域のサポートも得ながら、ワンオペ育児をしている。

住む場所を決める理由は人それぞれである。そして移住を決めた場所で、今までの仕事を継続することは、様々な工夫や努力をすれば可能になる。

事例⑫ 「孫ターン」で家賃ゼロ円 夫婦ともにフリーランス

［長野県東御市 グラフィック・デザイナー村上かおりさん、カメラマン村上圭一さん］

グラフィック・デザイナーの村上かおりさんは、2011年に東京都から長野県東御市に「孫ターン」移住した。カメラマンの夫とともにフリーランスとして働き、祖父母の田舎で二人の娘を育てている。

村上かおりさんは東京都板橋区出身で1979年生まれ。子供のころから盆や正月を長野県の祖父母宅で過ごしていた。実家に滞在中は親戚や近所の人にもかわいがってもらい、信州の田舎で過ごす夏休みや冬休みの記憶はとてもよいものだったという。かおりさんは都立工芸高校グラフィックアーツ科を卒業後、印刷会社に入社してグラフィック・デザイナーとして働いていた。

夫の村上圭一さんは大阪府貝塚市出身で１９７０年生まれ。大学進学のため上京して卒業後は美術関係の出版社でカメラマンとして撮影と編集の仕事をしていた。村上さん夫妻は印刷関係の仕事で東京にいるときに知り合い、２００６年に結婚、２００９年に長女が生まれ、かおりさんは産休を取った。

２０１１年3月に東日本大震災が起き、村上さんたちが住んでいた東京都のマンションでも、エレベーターとマンション本体のつなぎ目にひびが入るなど大きなダメージがあった。震災後は日々そうしたダメージが目に入り、幼い娘のこともあり放射能汚染が心配で、「このまま東京に住んでいても大丈夫だろうか」という気持ちになったという。また知り合いの編集者の中には、東日本大震災後に北海道や沖縄へ移住する人が出てきていた。祖父母が亡くなって、かおりさんの母親が相続した実家が空き家になっていたので、「実家に住むならば家賃もかからない」ということで、村上さん夫妻は長女を連れて、２０１１年11月に長野県東御市に移住した。

かおりさんは移住後の２０１３年に次女を出産した。出産後は東京でやっていたグラフィック・デザイナーの仕事をフリーランスとして徐々に再開し、今では会社員時代の収入を上回るようになっている。取引先は知り合いからの紹介で長野県外の顧客が多く、営業活動はほとんどしなくても、コンスタントに仕事の依頼がある。地方移住してフリーランスとして独立し、会社員時代の給与を上回る収入を得られているケースは珍しい。一般に地方移住した場合には、営業努力を相当しっかりやるか、もしくは持っている専門技術やコミュニケーション能力が高くないと、都会で働いた時と同じレベルの収入を得ることは難しいからだ。

夫の圭一さんは、美術関係の出版社に勤務したのち、２００６年にフリーランスとして独立していた。長野に移住してからは、以前の勤務先から仕事を受けたり、長野県内でも美術関係の撮影と編集の仕事を新規に開拓している。

圭一さんによると、東京では美術関係の撮影の仕事が多い反面、カメラマンの数も多く、単価を安くしないと仕事を受注できないそうだ。一方、長野では仕事の数自体は少ないが、

	少ない　　←　仕事　→　　多い	
高い ↑ 仕事の単価 ↓ 低い	地方は競争が少ない	ベスト・ケース
	ワースト・ケース	都会は競争が激しい

同じ分野の専門職が少ないため、仕事の単価は比較的高いとのことである。

仕事の数と単価の関係をまとめると、上のようなマトリックスになる。収入＝仕事数×単価なので、長野県での仕事数が増えれば理想的である。長野県は美術館数が全国でも多い県であるが、そこでも美術撮影の仕事を増やしていくことはなかなか大変とのことである。

東京では毎月家賃に約10万円を支払っていたので、「東京の家賃支払い分を出張費とすれば、毎週1回は東京で仕事ができる」と圭一さんは考えて、東京で仕事が取れれば出張して仕事を受けるようにしている。ただし東京に出張すると交通費がかかるだけでなく年々疲れるようになり、今後はできるだけ長野での仕事を増やしたいと希望している。現在、圭一さんは長野県上田市で障害のある人たちのアート活動を支援するNPO法人リベルテで、アート関係のサポート業務もしている。また圭一さんは信州大学地域戦略センターのプロフェッショナルゼミ「芸術文化の未来学」を修了し、美術関係で地域のまちおこしにも関わっている。

かおりさんは子育て中の地域の女性たちと「まちもり to-mi」という団体で地域を活性化するイベントを企画し、年に数回、子供服など不用品の交換イベントや地元店舗が出店するマルシェを開催している。かおりさんは、「子育て中の母親たちが、いきいきと活動している姿を子供たちに見せたい」という想いで同世代の仲間たちとこうした活動をしている。

家賃ゼロ円の実家は築40年と古く、住んでいるうちに修繕しなければならないところが出てくるが、圭一さんはＤＩＹが得意なので直している。圭一さんは近所で釣りをしたり、庭でベーコンなどの燻製《くんせい》を作るのが趣味で、かおりさんや二人の娘も庭で畑仕事をしたり鶏を飼ったりしており、家族４人で田舎生活をエンジョイしている。

これから地方移住を考えている人へのアドバイスとして、圭一さんは「あまり気負わずに、地方での暮らしを楽しむこと」、かおりさんは「どこに住むと決めるのも自由な時代なので、『田舎暮らしをしたい』と思ったら、まず動いてみること」をすすめる。

村上さん夫妻の地方移住がうまくいっているのは、「孫ターン」で家賃ゼロという好条件に加えて、夫婦ともに手に職があり、フリーランスとして独立できたということが大きい。地方移住を考える場合、会社員時代の仕事をフリーランスとして独立してできるかどうか、また趣味や特技が稼げるスキルになるかどうかを客観的に判断してみることが重要である。

事例⑬「ゆるい移住」で福井県と縁、結婚後も東京と福井の二拠点生活

［福井県勝山市　フリーライター　江戸しおりさん］

フリーライターの江戸しおりさんは千葉県銚子市出身で1992年生まれ。子供のころからお菓子作りが好きでパティシエを目指していた。高校卒業後は東京の製菓学校で2年間、さらにフランスにも1年間留学してお菓子作りを学び、その後は東京でパティシエとして2年半ほど働いた。しかし憧れのパティシエの仕事は想像以上に激務で、もともと書くことが得意であった江戸さんは2015年にフリーライターに転向。クラウドソーシングで仕事を見つけて、月100本以上の記事を書く生活を送る。

江戸さんはフリーライターとしてパティシエ時代よりも稼げるようになったものの、自宅にこもり記事を書き続ける生活に疑問を持っていた。そのころ、たまたま福井県鯖江《さばえ》市が「ゆるい移住」を募集していることを知り、東京での説明会に出かけた。福井県出身の

若新雄純《わかしんゆうじゅん》・慶應義塾大学特任准教授が発案した「ゆるい移住」は斬新な企画であったため、会場にはテレビ局や新聞社など多数のメディアが取材に来ていた。江戸さんは「人生が変わる予感がして」、鯖江市の「ゆるい移住」への参加を決意する。

「ゆるい移住」とは前述のように若新氏が発案し、鯖江市が2015年度に実施した移住プロジェクトで、就業など条件を定めずに半年間、家賃無料で鯖江市に体験移住をするものだ。具体的には、鯖江市が3LDKの市営住宅を男女別に1戸ずつ用意し、参加者が共同生活をする。参加者に対しては特にミッションはなく、月1回鯖江市が開催するワークショップに参加することだけが条件だった。対象は福井県外に住む20歳から35歳くらいまでの若者で、実際に男性10名と女性5名が「ゆるい移住」を体験し、現在も5名が鯖江市や福井県内に住んでいる。残念ながら翌年度から市営住宅が使えなくなったため、鯖江市の「ゆるい移住」は2015年度だけで終了した。

江戸さんはそれまで全く知らなかった鯖江市に半年間移住して、移住者としての「よそ者視点」で街を歩いてネタを探し、鯖江市の魅力を毎日ブログで発信していた。そして

「ゆるい移住」の半年間が終わると、再び東京でライター生活に戻った。その後も月に一度は福井県を自費で訪れるようになり、2016年には「Dear ふくい」という福井県のよさを伝えるローカルメディアを立ち上げる。その発信力が注目され、自治体や旅行関係のメディアから執筆の依頼が増えていった。

江戸しおりさん（筆者撮影）

江戸さんは福井県勝山市をPRする仕事がきっかけで、勝山市の担当者であった男性と知り合い、2018年8月に結婚。県庁所在地の福井市からローカル線で約1時間かかる、豪雪地帯の勝山市に移住した。その一方、東京ベースの仕事も継続し、毎月1週間ほど東京に滞在している。2020年のコロナ禍での自粛中はずっと福井で仕事をしていたが、江戸さんは将来子供ができても、「月に1週間は東京に滞在して仕事をしたい」と考えている。なぜならば「田舎出身者にとっては、東京への憧れはどうあっても消えることがない」からだという。

「書く」ということを武器に、場所にこだわらずにしなやかに働く江戸さんは、「地方の人と結婚したら、その地方に骨を埋める」という従来の枠にはまらない、二拠点での新しいワークライフスタイルを確立している。

事例⑭　私立小学校入学のために教育移住

［長野県佐久穂町　毎日新聞長野支局記者　坂根真理さん］

毎日新聞長野支局に勤務する坂根真理さんは、二人の娘を私立の大日向小学校に入学させるため、2019年4月に長野県佐久穂町に「教育移住」をした。居住する佐久穂町と勤務する長野支局とは約80キロ離れていて、高速道路を使っても車で1時間くらいかかる。また夫は他紙の記者で群馬県前橋市に勤務しており、平日は坂根さんがワンオペ育児で、新聞記者の仕事と育児を両立している。

坂根さんは京都府福知山市出身で1983年生まれ。京都の大学を卒業後、2008年に毎日新聞社に入社し岡山支局に配属された。岡山県警担当となり、同じく県警担当だった他紙の記者と知り合い結婚し、2010年に長女、2012年に次女が生まれた。育児休業をとった後、仕事に復帰して2014年から東京本社地方部や生活報道部に勤務していた。夫も2012年から東京で勤務しており、二人の娘を保育園に預けながら、共働きで忙しい毎日を送っていた。

実は坂根さんの長女は生まれた時から発達に遅れが見られ、健康診断のたびに指摘を受けていた。赤ちゃんは生後10か月くらいからよちよち歩きを始めるが、坂根さんの長女が歩き始めたのは2歳半からだった。言葉についても1歳くらいから話し始めたが、同年代の子供に比べて語彙《ごい》が少なく、坂根さん夫婦は絵本をできるだけ多く読み聞かせたり、早寝早起きを習慣としたり、子供の発達のためによかれと思うことは「子供ファースト」ですべてやってきたという。

坂根さんの長女は小学校の就学時検診で知能テストを受けた際、教育委員会から特別支援学級に入ることをすすめられた。坂根さん夫婦も、「普通学級では知的な発達の遅れのために、自己肯定感を失う恐れがある」と判断したため、長女が特別支援学級に通うことを選択した。当時、坂根さん夫婦は職場に近い東京都中央区のマンションに家族4人で住んでいたが、遊びに行ける公園も限られていたため、都会での育児に限界を感じていた。

坂根さんは、世界中の保育所を見て回った保育士の男性を取材した際、「障碍《しょうがい》がある子供も、ない子供も同じ学校で学び、力を引き出していくイエナプラン教育」を実践するオランダの小学校の話を聞き、その教育コンセプトに未来を感じた。イエナプラン教育とはドイツで生まれ、オランダで普及した教育コンセプトで、「異年齢の子供たちが同じ教室で学び、子供一人ひとりの個性を重視しながら、自律と共生を学ぶインクルーシブ教育」である（イエナプラン教育について詳しくは、日本イエナプラン教育協会や大日向小学校のホームページを参照されたい）。

坂根真理さん（筆者撮影）

その後、坂根さんは日本で初めてのイエナプランスクール認定校、

「学校法人茂来学園　大日向小学校」が2019年4月に長野県佐久穂町に開校することをインターネットで知り、2018年1月に開催された学校体験プログラム「冬のがっこう」に家族で参加した。その時に、もじもじしつつも自分の意見を笑顔で発表する長女を見て、「この学校なら子供の力を引き出してくれる」と確信し、大日向小学校への入学を決めたという。その後、夫とも話し合い、二人とも長野への転勤希望を、それぞれの上司に相談することにした。

その当時の坂根さんの上司は、坂根さんと同じく新聞記者と結婚している2児の母で、かつ地方支局に子供連れで単身赴任した経験があった。坂根さんが長野支局への異動希望を相談したところ、「30代のうちは東京でキャリアを重ねたほうがいいのではないか」というアドバイスがあった。また「長野支局がある長野市に住まないで、佐久穂町に住んで大丈夫？　佐久穂町から長野市まで80キロあるが、通える？」など、様々な角度から質問をしてきた。それらは決して意地悪な気持ちからではなく、坂根さんが本気で佐久穂町に移住して、長野支局の記者として働き続けることができるかどうかをしっかりと確認するためであった。

大日向小学校がある佐久穂町は北陸新幹線の駅がある佐久市に隣接している自治体で、上信越自動車道から、中部横断自動車道が佐久穂町まで延びている。そのため長野支局まで実距離が約80キロあっても、高速道路で行けば車で1時間くらいで着く。また新聞記者の仕事は毎日9時から5時まで働くということではなく、週に3回ほど長野支局に行き、残りは佐久穂町がある東信地区を中心にカバーしている。実は坂根さんの夫も長野への異動を希望したがかなわず、前橋に転勤となった。佐久穂町から前橋に行くのも、同じく80キロ離れており車で約1時間かかるが、夫は平日前橋に住み、週末に佐久穂町に来て食事をまとめて作ってくれたりするそうだ。

私は坂根さんに「大日向小学校に通わせるにしても、なぜ佐久穂町に住むことにしたのですか？」と質問した。なぜなら、佐久穂町の大日向小学校には北陸新幹線の佐久平駅からスクールバスが出ており、佐久平駅近辺に住んで、スクールバスを利用し、親が東京や高崎に通勤するという家族もいるからだ。坂根さんはその理由について、「佐久市の学童保育所は佐久市内の小学校に通う児童しか利用できないので、佐久穂町に住む必要がありました。また大日向小学校は、地域と密接なつながりを持っているので、私たちもぜひ佐久穂町に住みたかったのです」と語る。コラムで後述するように、大日向小学校は佐久穂町から廃校になった小学校の校舎と体育館を譲渡されて、リノベーションして開校した経緯がある。そのため大日向小学校では給食室を「大日向食堂」として誰でも利用できるようにするなど、地域に開かれた学校になっているのだ。

実際に坂根さんが佐久穂町に移住すると、娘たちは大日向小学校でのびのびと学ぶようになった。また近所の人たちは野菜を分けてくれ、残業の時は近所のママ友が娘二人を預かってくれた。このように地方ならではの温かい人間関係に救われることが多く、坂根さんは「地域で子供たちを育ててもらっていることを実感する」という。また坂根さんは佐久穂町の中心部に住んでいて、役場や銀行、郵便局、病院が徒歩圏内にあり、長野県で人気があるスーパー「ツルヤ」やコンビニ、ファミレスも近くて便利だ。大きな買い物をするには、高速道路を使うと15分ほどで佐久平に着き、そこにはイオンモールやユニクロなどの全国チェーン店も揃っている。

東京から長野支局に転勤し佐久穂町へ移住することは、坂根さんにとって「とても大きな決断だった」という。確かに「誰も知り合いがいない田舎町に移住し、ワンオペ育児で新聞記者として働き続ける」ことは、一見無謀なことにも思える。

二人の娘が学ぶ大日向小学校の建学の精神は、「誰もが、豊かに、そして幸せに生きることのできる世界をつくる」ということだ。坂根さんは「知的な遅れを持つ長女が、幸せに暮らせる世界になってほしい」という強い想いを持って、新聞記者の仕事を日々頑張っている。だから坂根さんにとっては、「大日向小学校入学のために教育移住することと、新聞記者として働き続けること」は、しっかりとつながっているのである。

コラム　孫ターンなど様々な移住のパターン

この章では孫ターン事例を紹介したが、Iターンや Uターンだけでなく、地方移住には様々なかたちがある。

事例⑫の村上さんのように、「孫ターン」で地方移住する人がいる。事例⑧の是本さんも妻の祖父母が住んでいた家に「孫ターン」している。両方の事例がそうであるように、「孫ターン」のメリットは、祖父母の家に家賃負担がなく住めることやその地域に地縁があることである。「孫ターン」移住の背景には、高度成長期に都会に憧れて移住した親世代とは違う事情がある。孫の世代は存在欲求を重視していたり、東日本大震災を経験したりしたことで、地方移住を選択しているのだ。

またUターンというと「地方出身の長男が実家を継ぐ」というイメージが強いが、後述する事例⑱の竹下真由さんは「嫁ターン」、すなわち女性側の実家に夫婦でUターンする事例である。「嫁ターン」は実は今の60代や70代の地方移住でも結構見られる。なぜならば60代や70代の場合は兄弟が多いので、夫が長男ではない場合には夫の実家に戻る必要がないため、「嫁ターン」を選択するのである。また最近は若い世代でも、妻側の出身地に移住する「嫁ターン」は多い。竹下さんの事例もそうであるが、「嫁ターン」で実家に戻ると、子育てなどについて実家の援助を受けやすく、女性が働きやすいからである。

さらに「追いターン」という移住パターンがある。これは「誰かを追って移住すること」である。実は我が家が長野県に移住した後、千葉県に住んでいた夫の両親も長野県に「追いターン」移住した。これには「子世代が移住してから親世代」というパターンと、「親世代が移住してから子世代」というパターンの両方がある。

また私の知人女性は長野県出身で「嫁ターン」で長野県に移住したが、その数年後に夫の両親が「追いターン」で長野県に移住し、今は二世帯住宅を建てて夫の両親と同居している。このように、様々な縁をつないだ地方移住のかたちがあるのである。

コラム　全国で増え続ける廃校の活用法

事例⑭の毎日新聞記者の坂根さんや事例⑨の「カレー屋ヒゲめがね」の豊田さんは、日本初のイエナプランスクールの大日向小学校に子供を通わせるために、佐久穂町に移住している。また事例①の塚原諒さんも、大日向小学校の開校準備スタッフとして佐久穂町に移住した。大日向小学校は一学年30名で全校の定員は180名、大日向小学校に入学させるために2019年度に約40名、2020年度に約30名が佐久穂町に移住し、その他の家族は主に隣の佐久市に住んでいる。

大日向小学校の教育方針については、坂根さんの事例で詳しく説明したので、大日向小学校の別の面について紹介したい。実は大日向小学校は、かつて「佐久穂町立佐久東小学校」で、この小学校は児童数減少のため2012年に閉校となった。この廃校の活用を大日向小学校の経営母体が申し出て、佐久穂町は土地の売却と学校施設の無償提供を町議会全会一致で可決したのである。

平成の大合併の影響と少子化の進行で、全国に廃校が増えており、毎年500校が廃校になっているといわれている。文部科学省もこの問題に対して、「みんなの廃校」プロジェクトを立ち上げて、廃校を有効活用することを推奨している。自治体やＮＰＯ法人だけでなく企業も「廃校ビジネス」に参画しており、地域の交流施設や宿泊施設、水族館になっている。例えば秋田県大館市では廃校を生ハム工場にしており、また香川県東かがわ市では廃校でチョウザメの養殖をしている。学校は敷地が広く、体育館やプールがあり、また食材を加工できる給食室があるので、様々な用途に活用できる可能性がある。

私が佐久穂町役場の移住担当者と話したときに、「いろいろな形の『廃校ビジネス』がありますが、学校はできれば学校のまま利用できたらいいですよね」というと、移住担当者は、「はい、『また学校から元気な子供たちの声が聞こえてくること』が地域の人たちの願いなのです」と語った。大日向小学校は地域とのつながりを大切にしている学校と聞いていたが、地域の人もまた大日向小学校のことを歓迎している。大日向小学校の学校新聞は大日向地区の全戸に配布され、また給食室は「大日向食堂」として誰でも利用でき、学校と地域がつながるようになっている。

雪とけて　村いっぱいの　子どもかな

信濃国柏原（現在の長野県信濃町）出身の小林一茶の句で、私が好きな句である。過疎地域の廃校が再生プロジェクトで学校として蘇り、再び元気な子供たちの声が聞こえることが日本中で起きることを期待したい。

第8章●Uターン移住して新しい仕事をする

この章では、Uターン移住をして新しい仕事をする6事例を紹介する。最初の3事例は、Uターンして起業した事例、次の3事例はいずれも家業を事業承継して新しい仕事にチャレンジをしている事例である。

事例⑮の豊田雅子《とよたまさこ》さんは、大手旅行会社勤務を経て、故郷の広島県尾道市にUターン移住し、尾道の空き家を再生するNPOを設立して社会的起業をしている。事例⑯の中村大樹《なかむらたいき》さんは、ニートから古書のネット販売会社を起業して、長野県上田市にUターン移住した。廃業した大型店舗などを活用して業容を拡大し、日本最大級の古書販売会社に成長させた。また事例⑰の今井英昭《いまいひであき》さんは、想定外のUターン移住をすることになり、町議会議員に立候補して当選、議員と自営業を両立している。

事例⑱の竹下真由《たけしたまゆ》さんは、ロボコン世界大会出場という夢をかなえて、東京のコンサルティング会社で働いた後に、佐賀県小城市にUターン移住し、家業の菓子製造会社を事業承継した。社長業と3人の子育てを両立しながら、新商品開発を担当している。事例⑲の高橋聡《たかはしそう》さんも、東京のコンサルティング会社勤務からUターン移住し、地方経済が直面する事業承継問題に気がついた。そこから発想した中小企業専門のM&A仲介プラットフォームを起業した。そして事例⑳の小友康広さんは、東京のIT企業取締役として働きながら、岩手県花巻市で家業の木材会社を事業承継したパラレル経営者である。さらに廃業したデパート食堂を再開するプロジェクトを成功させている。

この章の６事例とも、東京や海外で学んだり働いたりした経験を活かし、Uターン移住後は地域資源を活用して、地域が抱えている問題を最新の経営手法で解決している。自分の出身地を一度離れることで、ビギナーズ・マインド（初心者の心）を得ることができる。そのフレッシュな目で出身地や家業の新しい可能性を見出すことができたのだ。

私は長野県に移住し18年になるが、長野県の年配者は「若者を長野県から出すな」という考えを持つ人が多い。しかしこの章の事例のように、若いうちに外に出て、学んで働いた経験があってこそ、地域に貢献することが可能になることを多くの人に理解してもらいたい。

事例⑮ 空き家再生のＮＰＯを設立し、尾道の景観を守る社会的起業

［広島県尾道市　ＮＰＯ法人尾道空き家再生プロジェクト　豊田雅子さん］

ＮＰＯ法人尾道空き家再生プロジェクト代表理事の豊田雅子さんは、出身地の尾道市にＵターン移住をしてＮＰＯを設立し、地域の景観を守り、コミュニティを再生する社会的起業をした事例である。

豊田さんは広島県尾道市出身で１９７４年生まれ。大学進学で大阪に出て、卒業後は大手旅行会社の添乗員として８年間働いた。その仕事で昔ながらの街並みを保存しているヨーロッパの都市を巡るうちに、出身地である尾道の魅力にあらためて気づくようになる。古くから港町として栄えた尾道には明治期から昭和初期に建てられた古民家が残っているが、尾道駅から半径２キロ以内に空き家が５００軒もあるほど大きな社会問題となっていた。豊田さんは帰省する度に、そうした空き家を見て回っていた。尾道に空き家が多いの

は、空き家のほとんどが車の入れない路地や階段に接しており、住むのに不便な上に、今の建築基準法では建て直しができないという尾道固有の理由がある。しかし、空き家も所有しているだけで毎年固定資産税がかかり、取り壊す費用が数百万円かかる「負動産」となっており、地元の不動産屋も取り扱えない状態だった。

ガウディハウスの前に立つ豊田雅子さん（本人提供）

尾道市は全国に先駆けて1995年に「空き家バンク」を設け、空き家問題の解決に乗り出していた。豊田さんは2000年に母親を亡くしたことをきっかけに尾道にUターンして空き家研究を始める。その後、実家の改修を依頼した大工の男性と2003年に結婚する。夫も尾道市出身だが、京都で数寄屋建築の修業をしており、空き家再生のパートナーでもある。そして２００５年には双子の男の子が生まれて忙しい毎日を送っていた。

尾道には昭和８年建築の古民家、通称「ガウディハウス」がある。当時の大工が技術の粋を尽くし、凝った建築の「ガウディハウス」だったが、その持ち主が取り壊す予定であることを豊田さんは耳にし、２００７年に約２００万円で買い取った。「ガウディハウス」を再生する様子をブログで紹介すると、「尾道に移住したいのですが、同じような古民家はありますか？」という問い合わせが１００件ほどもあったという。豊田さんは「自分たちが空き家を再生しても、せいぜい数軒しか取り扱えないが、移住希望者に空き家をマッチングすれば、１００軒くらい再生できるかもしれない」と気づき、２００８年にＮＰＯ法人尾道空き家再生プロジェクトを設立した。そして、２００９年に尾道市から、空き家情報と移住者をマッチングする「空き家バンク事業」を受託した。

これは移住者・行政・ＮＰＯにとって、三方よしの協働体制である。尾道市の職員は移住希望者に平日しか対応できないが、移住希望者は週末に空き家バンクの物件を見に来ることが多い。そこで尾道市から委託を受けたNPOのスタッフが週末に空き家を案内し、移住希望者に対して住民目線で様々な助言やサポートを継続して行う。例えば空き家にある家財道具の処分、壁塗りなどのDIY指導、DIYに必要な道具や軽トラックの貸し出しなど、移住する人にとって必要不可欠なサービスを細やかに用意している。また市の職員は3年から4年で異動してしまうが、NPOは同じメンバーで対応でき、移住相談や空き家再生について様々なノウハウを蓄積できるのだ。

こうして尾道空き家再生プロジェクトは、2009年から約10年間で117件の空き家のマッチングに成功する。内訳は賃貸物件が48件（家賃1万円～7万円）、売却物件50件（10万円～800万円）、譲渡物件19件である。賃貸物件が48件と多いが、持ち主が無償で空き家をあげる譲渡物件が19件もあるのにも驚く。前述のように尾道の空き家の中には今の建築基準法では建て直しができないために、空き家の持ち主がゼロ円で譲渡をすることがある。実際には、譲渡時の登記手続きなどで買主側に20万円ほどの費用負担がある。この辺の事情については、漫画家のつるけんたろうさんが自身の尾道移住の経緯を書いた『0円で空き家をもらって東京脱出！』（朝日新聞出版）に詳しい。

あなごのねどこ（豊田さん提供）

また尾道空き家再生プロジェクトにとって転機となったのが、「ゲストハウス　あなごのねどこ」を２０１２年に開業したことだ。それまで個人向けの小規模な住宅のマッチングは順調に進んでいたが、広い町家や旅館などの大型物件が残っていた。奥行が40メートルある呉服商だった物件を尾道市から紹介され、豊田さんたちが見学すると、「ゲストハウスとしての利用ができるのでは」という話になった。ＮＰＯとして事業収入が必要だったことと、また尾道には格安で泊まれる宿泊施設があまりなかったことから、豊田さんはカフェと交流施設を併設した「ゲストハウス　あなごのねどこ」の開業を企画する。その際にＮＰＯとして５００万円の借金をしたが、豊田さんはゲストハウス事業にＮＰＯとして借金をしてまで取り組んでいいのか、「白髪が増えてしまう」ほどのプレッシャーを感じたとのことだ。

幸い「ゲストハウス　あなごのねどこ」は開業以来、年間稼働率が70〜80％となり、経営は順調だった。次に手掛けたゲストハウスは、大正10年に建てられた「みはらし亭」という大型旅館だ。「みはらし亭」は尾道水道を一望する茶園建築の旅館で、あまりにも大型物件だったため30年間全く使われずにいた。しかも千光寺山の中腹で車が入れない位置にあり、建築資材の持ち運びも大変で、改修工事には1年半もかかった。「みはらし亭」の改修費用は２０００万円かかり、借入だけでなく補助金や助成金、クラウドファンディングも活用してなんとか資金調達ができた。ゲストハウス２軒の開業はＮＰＯに安定した事業収入をもたらし、２０１９年のＮＰＯ収入約３５００万円のうち、約２５００万円がゲストハウス事業である。またゲストハウスは尾道に若者や外国人観光客を呼び込み、移住希望者がお試し移住できる施設になり、そして移住した人の働く場にもなっている。

尾道空き家再生プロジェクトが、10数年でこれだけの実績をあげることができたのは、豊田さんの人柄によるところが大きい。豊田さんは周りの人を巻き込んで、一緒に空き家再生事業に取り組んでくれるコミュニティを上手に形成している。もともと豊田さんは子供のころから友だちを「お泊まり」に呼ぶことが好きで、社会人になっても旅行会社の添乗員として働き、「いつかは宿をやりたい」と貯金をしていたという。そしてその貯金で、最初の再生物件「ガウディハウス」を買うことができた。豊田さんは、ふるさと尾道の景観を守るために、移住者や地元の建設関係者など様々な人たちを巻き込み、空き家再生事業やゲストハウス運営を行い、多くの移住者を呼びこんで新しいコミュニティを発展させている、社会的起業のモデルケースである。

事例⑯　ニートから起業してUターン、国内最大級の古書流通会社に成長

［長野県上田市　株式会社バリューブックス代表取締役社長　中村大樹さん］

長野県上田市のバリューブックスは、年間３４０万冊の古書を販売し、上田市内の３つの物流センターには常時２００万冊の在庫を有する国内最大級の古書流通会社である。２００７年に創業して年商20億円を超える事業規模まで成長させた中村大樹さんは、ニートから起業した異色の経営者である。

中村大樹さんは長野県千曲市出身で１９８３年生まれ。上田市内の高校を卒業後、東京の大学に進学した。中村さんは内向的な性格で、自分が社会人になって、会社勤めをすることが全くイメージできなかったため、就職活動を一切せずに卒業後はいわゆるニートになった。中村さんは自分の周りにいたカメラマンや洋服のデザイナーのように「フリーランスとしてなりわいを立てている人たち」に憧れたが、そういう人たちは専門学校に行っ

て必要な技術を身につけていた。大学を出たものの、専門的な技術を持たない中村さんは、なんとか起業できないかと書店で経営書を読みあさるなど、半年ほど試行錯誤の毎日を送る。

そんな時、大学時代の教科書をアマゾンのマーケットプレイス（アマゾン以外の第三者の販売プラットフォーム）に掲載してみたところ、翌日に売れて送料を差し引くと５００円ほどの利益を得ることができた。それまでアルバイトもしたことがなかった中村さんは、「こうやれば利益が出るんだ」と感動したという。それ以来、自分の手持ちの本だけでなく、「ブックオフの店舗で本を仕入れて、アマゾンで売る」という「せどり」を続けたところ、３か月後には「70万円の売上で30万円くらいの利益」が出るようになり、これはビジネスになると判断した。当時は高校時代の友人とルームシェアしており、古書の発送の仕事が忙しくなると、その友人に梱包作業を手伝ってもらっていた。その後、就職しても会社が合わずに辞めた高校時代の友人たちと、「本のせどり」の仕事を続けた。２００６年には本の在庫が多くなったため、倉庫の賃料が高い東京ではなく、自分たちの出身地である長野県上田市に倉庫を持つことにした。

バリューブックスの倉庫（バリューブックス提供）

中村さんの「せどり」が成功した理由は、「その当時、ブックオフの店舗に割安で売られている専門書を買い付けて、アマゾンのマーケットプレイスで高く売る」ことができたからで、当時はまだ「せどり」ができる余地があった。中村さんは友人たちと東京にあるブックオフの店舗で専門書を買い集めて週に一度、本を車に満載して上田市の倉庫に運び、全国に発送した。２００７年には事業を法人化し、初年度の売上高は約７０００万円にもなった。その後、ブックオフの店舗で本を買い付けるのではなく「古本のインターネット買取サービス」を開始する。このサービスはすでに数社が始めていたが、競合はまだ多くなく、さらにインターネット広告の料金も格安だったので、積極的に広告を出してインターネット買取サービスを拡大した。中村さんの起業プロセスでは、常にライバルが少ない「ブルーオーシャン」を開拓してきており、タイミングもよかったといえる。

法人化して3年後の2010年には寄付という形式で、不要な古本を集めるという「チャリボン」という新しいスキームを中村さんが発案した。これは若者の就労支援を行うNPO法人育て上げネットと提携して始めたもので、「NPOに寄付をしたい人が、バリューブックスに不要な本を送り、買取金額を寄付する」というスキームである。中村さんは当初このスキームを育て上げネットだけでするつもりであったが、育て上げネット側から「他のNPOとも提携したほうがいい」とアドバイスを受け、メディア取材までアレンジしてもらう。そして日経新聞等で「不要な本で寄付をするチャリボン」が紹介されると、様々な大学やNPOとの提携が進んだ。こうして取り扱い冊数が増えるだけでなく、学術的な専門書がさらに集まるようになり、バリューブックスの業績を伸ばす原動力になった。

現在はバリューブックスに毎日2万冊の本が届き、そのうち半分の1万冊が買取できず古紙回収に回すという状況で、「古紙回収に回す本をいかに少なくするか」が経営課題となっている。「買取できない本」とは、例えば『ハリー・ポッター』シリーズのように大ベストセラーとなった本で、供給が多すぎるために価格がつかないものをさし、価値がない本というわけではない。しかし、「買取できない本」が増えると「全国から費用を負担して宅配便で送られた本の半分が古紙回収に回る」という輸送上の非効率が生じる。またバリューブックスとしては「やはり本は、できるだけ本として活用したい」という想いもある。そこでバリューブックスは上田市内にアウトレット書店を開設し、買取できない文庫本を３冊１００円など格安で販売したり、また無印良品とタイアップして店頭販売したりしている。さらに学校・病院・介護施設や被災地の小学校や児童施設へ買取できない本を寄付する「ブックギフトプロジェクト」も手掛けている。

買取できない本の問題を一層解消するために、２０１８年７月からは「買取の際に無料だった送料を５００円と有料にし、その代わりに買取価格を１・５倍とする」という方針に変更した。さらにバリューブックスは２０１９年10月から、本の背表紙をスマホで写真に撮るだけで買取価格がわかる「本棚スキャン」というサービスを開始した。こうした高

中村さんとバリューブックスの社員（バリューブックス提供）

度な技術を開発できるスタッフは、山登りが好きだったり、上田市で暮らしたいと思ったりしてバリューブックスに応募してきたエンジニアだ。

中村さんは地方でビジネスをするメリットについて、「地元の銀行から廃業した大型店舗を紹介してもらい、大型倉庫として活用して事業を大きくすることができました」という。中村さんは上田にUターンして会社を大きく成長させたが、「実はずっと東京の住居はそのままにしていて、上田と東京を行ったり来たりの二拠点居住をしていました。東京の住居を引き払ったのは、2年前に結婚した時のことなのです」という。地元に必ずしも強い愛着がなくても、中村さんのように自然体で、地方でのメリットを活かしてビジネスを展開することができる。また新規事業のエンジニアの確保など、地方都市では不利と思われることでも、実際には必ずしも不利ではないということがバリューブックスの事例からわかるだろう。

そして地方ベンチャーであるバリューブックスの成長の背景には、広報と財務面から成長を支える女性取締役、鳥居希《のぞみ》さんの存在がある。

鳥居さんは1973年生まれ。バリューブックスがある長野県上田市の隣の坂城《さかき》町出身である。慶應義塾大学文学部仏文科に在学中、ワーキングホリデー制度を利用してカナダに一年間滞在した。大学卒業後の1998年にモルガン・スタンレー証券会社に入社し、カスタマーサービスやトレーディングのセールス・アシスタント業務を経て、株式部でリスクマネジメントの仕事に携わった。2008年のリーマンショック後、モルガン・スタンレー証券では人員削減の解雇が続いていたが、2013年1月に鳥居さんも解雇された。鳥居さんは別の会社に1年間勤務した後、2014年11月に上田市にUターン移住し、自分で起業することを含め、今後の仕事を上田で模索していた。

実はバリューブックス社長の中村大樹さんと鳥居さんは親同士が家族ぐるみの付き合いをしており、子供のころからの知り合いである。そんな関係で鳥居さんはUターン移住後に、バリューブックスのイベントに参加したり、手伝ったりしていたが、2015年7月からは正式に取締役として勤務することになった。東京で外資系金融機関に勤めていた鳥居さんは、Uターンして地方のベンチャー企業の取締役となったものの、収入は3分の1以下になったという。鳥居さんは、「東京では友だちも多く仕事も充実していましたが、Uターンしても公私ともに充実した生活です」という。上田は人口約15万人で長野県第三位の地方都市だが、歴史がある街で文化的なイベントも多い。また鳥居さんは「上田市総合戦略推進協議会」に参画したことをきっかけに、2017年に上田市立となった長野大学の外部評価委員を務めている。

独身の女性が40代で地方にUターンすると、楽しいことばかりではない。鳥居さんもUターン当時、近所の人から「一日も早く結婚したほうがいい」といわれたりしたこともあったそうだが、鳥居さんはあくまで自然体で地方での仕事や生活を楽しんでいる。バリューブックスでは、会社のことを講演やイベントを通じて広く発信したり、財務会計を担当している。「東京で学んだことがいつまでも使えるわけではないので、常に自分をアップデートしていきたい」と語る鳥居さんは、多様な価値観を認める柔軟さを持ち、個がしっかりと確立している大人の女性なのである。

事例⑰　予期せぬUターン移住、収入減をいとわず町議会議員に

［長野県立科《たてしな》町　町議会議員　今井英昭《いまいひであき》さん］

立科町で町議会議員を務める今井英昭さんは、様々なキャリアを経て、本人も予期しなかったUターン移住をした。またUターン後には、自分のふるさとの将来を考え、収入減もいとわず町議会議員に立候補して当選、現在2期目を務めている。

今井さんは長野県立科町出身で1977年生まれ。兄と姉がいる三人きょうだいの次男である。地元の高校を卒業した後、「兄が理系だったので、自分は文系に進もう」と考えて、宮城県石巻市にある大学の経営学部に進学した。卒業後は専門商社に勤務していたが、「やはり理系的な発想の方が自分には合っている気がして」、長野県の工科短期大学校の電子技術科に再入学する。卒業後にまた運命を変える出来事がある。子供のころから世話になっていた近所の女性が長野県の県議会議員に立候補することになり、今井さんに選挙活

動を手伝ってもらいたいと頼んできたのだ。その女性の当選後に、議員秘書になってほしいと依頼され、１年半だけ県議会議員秘書を務めた。

その後今井さんは、同じ趣味を通じて交際していた東京在住の女性と結婚することになり、今度は東京に移住して就職活動をする。その結果、ＣＯ２の排出権を大手商社やメーカーに販売する会社に就職した。そして２００８年にはヘッドハンティングを受けて、環境関係の仕事をする海外商社に転職をする。今井さんの妻は医療関係の専門職で大学病院などに勤務していたが、２人の息子に恵まれて共働きの忙しい毎日を送っていた。

今井さんにとってさらに人生の転機となったのは、長野県立科町の家を継ぐはずの兄が兄嫁の家を継ぐことになったことである。「次男なので家を継ぐことはない」と思って、東京に既にマンションを購入しており、Ｕターン移住して家を継ぐことは今井さんの人生の選択肢に全くなかった。しかしこの時、今井さんの父親は今井さんの妻に「Ｕターンして家を継いでほしい」と頼んでいたそうだ。立科町へのＵターン移住にはむしろ妻のほうが積極的で、４か月くらいの間に東京に所有していたマンションをさっと売却して、立科町への移住を進めたという。

私の知る限り、今井さんのようなUターン事例は非常に珍しい。地方出身の男性がUターン移住を希望しても「妻ブロック」が入ることが多い。なぜならば地方の家族関係は保守的なことが多く、「嫁は家事担当と将来の介護要員」と思っている高齢者が少なくないからである。東京に住んでいた今井さん一家は、お盆や正月に立科町の実家に帰省するだけではなく、毎月1回遊びを兼ねて立科町に帰省していたとのことだ。そうした折に今井さんの両親と東京育ちの妻との間に、良好な人間関係が構築できていたのだろう。

2013年に立科町にUターン移住することが決まった際、今井さんは勤務先と相談したが、「北陸新幹線の佐久平駅から始発に乗れば、7時30分に出社できるじゃないか」といわれて、2年間は立科町から東京の会社に新幹線通勤することになった。また、「妻や子供にとっては東京がふるさと」なので、今井さんの妻子は月に1回、東京にある妻の実家に遊びに行っていた。今井さんのこうした柔軟な姿勢が、夫の出身地に家族でUターン移住を成功させる秘訣《ひけつ》だと思う。

家族４人でＵターン移住をした後、今井さんがふるさとで気づいたことは「高齢者優先の政策がとられていて、立科町の20年後の姿が見えない」ということだった。高齢者優先の政策というのは、特に地方政治では顕著である。地方議員は60代や70代が多く、選出された地域の代表という形で議員活動をしており、「今後、この地域全体をどうやって活性化するか」といった大局観を持っている地方議員は少ない。一方、都会で暮らした経験がある人が地元にＵターンすると、あらためて地方経済や地方政治の様々な問題点が見えてくるものだ。そこで今井さんはＵターン移住して2年たった38歳の時に、立科町議会の議員選挙に立候補する決意をする。妻に選挙に出ることを相談したところ、「選挙に出てもいいけれども、内助の功は期待しないで」といわれた。それでも選挙中はいろいろな場面で妻が助けてくれたという。

議員に立候補する際、勤めていた会社を辞めることになったが、人口約７０００人の立科町の町議会議員の報酬は年額３００万円台であり、会社員時代と比べてかなりの減収となってしまう。この点でも、地方の議員に60歳以上の人が多い理由が見えてくる。年金プラスで年収３００万円もあれば地方では十分な収入であり、また議員となると「地元の名士」にもなれる。しかし30〜50代の現役世代にとっては、年収３００万円台の収入だけで生活するのは苦しい。そこで現役世代の地方議員は、農業や自営業をやりながら地域代表として議員を務めていることが多い。今井さんも会社員時代に培った経験を活かし、補助金申請業務の委託事業を自営業として行っている。

地方議員は３か月ごとの議会への出席が必要だが、拘束される日数はそれほど多くなく、それ以外の時期は地域の行事に参加したり、地域の人の相談に乗ったりする。もし地方移住した人が農業やゲストハウスなどをしながら議員に立候補すれば、一定の現金収入も得られるので、「複業として地方議員になる」ことは選択肢の一つになるだろう。またもし政治家としてキャリアを重ねるのであれば、まず市町村の議員になってから市町村長を目指したり、県議会議員になるという道も開ける。

今井さんは、その当時の議員候補の中では最年少の38歳で、２０１５年の立科町の町議会議員に当選し、１期目には立科町の豊かな自然環境に配慮しながら、地域の核となる情報産業の誘致に力を入れた。２０１９年の町議会議員選挙にも立候補して当選し、今は議員２期目である。今井さんはこのままずっと議員を続けるということではなく、機会があれば今までのキャリアを活かした起業にチャレンジすることも考えているそうだ。

事例⑱ ロボコン世界大会出場のリケジョが、ソウルフードを守るためUターンし事業承継

［佐賀県小城《おぎ》市　竹下製菓株式会社代表取締役社長　竹下真由さん］

九州出身者にとってソウルフードのアイス、「ブラックモンブラン」を製造する竹下製菓は、昭和2年設立の老舗菓子メーカーである。5代目社長の竹下真由さんは東京のコンサルティング会社に就職し、「佐賀に来てくれる」夫と結婚してUターン、社長業と3人の子育てに日々奮闘している。

竹下真由さんは佐賀市出身で1981年生まれ。昭和2年設立の竹下製菓の4代目社長の一人娘だ。両親から「家業を継ぐように」といわれたことはなかったが、子供のころから家と工場が隣接していて「仕事と暮らしが直結していて、大人になったらこうやって何かを作って暮らすのだろう」と思いながら育った。両親が忙しい時には、3代目社長の祖父と過ごすことが多かったという。

ブラックモンブランのパッケージ（竹下製菓提供）

竹下製菓の主力製品である「ブラックモンブラン」は、バニラアイスにチョコレートとクッキークランチがかかったアイスである。竹下さんの祖父は１９６０年代、経済視察団の一員としてフランスを訪れてアルプス最高峰の「モンブラン」を眺めた時に、「この真っ白い山にチョコレートをかけて食べたらさぞ美味しいだろう」とユニークな発想をし、また「アイスクリームの最高峰を目指す」という想いもこめて、１９６９年に「ブラックモンブラン」を商品化した。その当時は着色料や甘味料を使った駄菓子のようなアイスキャンディーが主流であったため、高級感のある「ブラックモンブラン」は子供たちに大人気となった。それ以来「ブラックモンブラン」は九州出身者のソウルフードとしてロングセラー商品となっている。

竹下さんは小学校2年生の時にテレビでＩＤＣロボコンの番組を見て、「将来、ＩＤＣロボコンに出場したい」という大きな夢を持った。ＩＤＣロボコンとは世界中から集まった参加者たちが、数人にシャッフルされた上でチームを結成して競い合うロボットコンテストで、その時ＩＤＣロボコンに大学で出場していたのが東京工業大学とＭＩＴ（マサチューセッツ工科大学）であった。そのため竹下さんは東京工業大学に進学すればＩＤＣロボコンに参加できるのだろうと考え、小学生の時から東京工業大学への進学を目指した。小学校5年生の時には親に頼んで東京工業大学の入学願書を取り寄せてもらったほどだ。そして高校卒業後に一浪したが、子供の時からの夢であった東京工業大学に合格することができた。東京工業大学に入学後、念願のＩＤＣロボコンにつながる授業を選択すると幸運にも国内大会で準優勝し、世界大会にも参加することができた。その年の世界大会の舞台は憧れのＭＩＴで、約2週間開催された。英語でのコミュニケーションに苦労したものの、世界中から集まった参加者たちの多様なバックグラウンドに基づいた様々なアイディアはとても刺激的で、有意義な時間を過ごした。しかし、竹下さんはＩＤＣロボコンはあくまで趣味の延長という認識で臨んでいたこともあり、世界大会出場後は大学院で経営工学を学ぶ道に進んだ。

竹下さんの父親は、大学院卒業後すぐに佐賀の家業に戻ることを期待していたが、竹下さん自身は家業に戻る前にもっと広い世界を知りたいと希望していた。どういう就職先にすれば家業の発展につながるかを学生なりにいろいろと考えたが、例えば食品メーカーに勤めてもその一社での経営しか知ることができない。竹下さんは「短期間でもいろんな業種を学べて、働く密度の高い職種」という理由で、大手コンサルティング会社への就職を決意する。実は大手コンサルティング会社にしたのはもう一つ理由があった。佐賀に連れて帰れるパートナー探しである。「佐賀に帰ると結婚相手を見つけることは難しいのがわかっていました。コンサルティング会社の男性なら『地方の中小企業の経営をしたい』という人を見つけやすいかもしれない」と思ったのだ。

竹下真由さん（本人提供）

希望通りに大手コンサルティング会社に入社した竹下さんは、主に通信・ハイテク事業を担当し、また家業と関係がある食品や飲料のプロジェクトにも積極的に関わるようにしていた。経営コンサルタントとしてのキャリアを重ねると同時に、広島県出身で「ブラックモンブラン」のことを既に知っていた同期入社の男性と2010年に結婚する。

竹下さんは2011年に佐賀にUターン移住し、竹下製菓に入社した。その後に、夫も佐賀に移住して入社し、3人の子供にも恵まれて、竹下さんは2016年に竹下製菓の社長に就任する。社長就任時には、長女が4歳、次女が2歳、長男が1歳だった。「お子さんたちがまだ小さいのに、代替わりが早かったですね」と私が指摘すると、竹下さんは「私は父が40歳過ぎてから生まれた一人娘で、父は高齢になっていたこともあり、できるだけ早く代替わりしたいと思っていたようです」とのことである。現在お子さんたちは8歳、6歳、5歳だが、夫と両親と協力して4人で育児をしており「二世帯住宅になっているが、仕切りのドアは常に開いている状態」だ。

竹下さんが東京のコンサルティング会社から佐賀の家業に戻った時、「古参の社員の中には私が戻ってくるまで、退職せずに働いてくれていた人もいました。社員にはおおむね温かく迎えてもらったと思います」。その一方で、「東京のコンサルティング会社と比べると、社員が『指示待ち気味』であることが気になりました。ただそれは社員たちの責任というのではなく、そうしてきた前経営者である父の責任でもあります。私は少しずつでも社員の意識改革を進めたいと思っています」と語る。また地元の取引先の中には、竹下さんのような若い女性社長を必ずしも歓迎しない人もいるので、そういう場合には男性社員に対応してもらうなど柔軟に対応している。

「竹下製菓を将来どんな会社にしていきたいですか？」と質問すると、竹下さんは「青臭いかもしれませんが」と前置きして、「『人を幸せにする会社』です。お客様だけでなく、弊社で働く社員も取引先にも幸せになってもらいたいと思います。そして私は『いかにお客様をワクワクさせることができるか』を考えながら商品開発をしています」とのことだ。

竹下製菓の工場（竹下製菓提供）

ちなみに社長である竹下さんが主に商品開発を担当し、副社長の夫は広報活動や工場の品質管理を担当している。また竹下さんは東京に行く機会があれば必ず都内のデパ地下を回り、最新の食材のトレンドやパッケージデザインを研究している。

竹下製菓の主力製品は、今も祖父が開発した「ブラックモンブラン」である。阪神タイガースの大ファンである父（現会長）が開発した「トラキチ君」というアイスもあるが、「ブラックモンブラン」を超える商品開発はできていない。50年以上愛されるロングセラー商品があるのは心強いが、「ブラックモンブラン」を守るだけでなく、それを超える商品を開発するのが竹下さんの目標だ。

佐賀県は江崎グリコの創業者（江崎利一氏）や森永製菓の創業者（森永太一郎氏）の出身県であり、ソフトバンクグループの創業者、孫正義氏も佐賀県出身だ。子供のころからの夢である「ロボコン世界大会出場」を見事にかなえ、東京で経営コンサルタントとして修羅場を経験した竹下さんが、画期的な新商品を佐賀から全国に発信していくことを期待したい。

事例⑲ 元コンサルタントが家業を継ぎ、中小企業専門M&A仲介会社を起業

［長野県長野市　アスク工業株式会社代表取締役社長、東京都港区　株式会社トランビ代表取締役　高橋聡《たかはしそう》さん］

東京でコンサルタントとして働いていた高橋聡さんは、長野市にUターン移住して家業を継ぎ、地方の中小企業の事業承継問題に直面した。高橋さんはそこにビジネスチャンスを見出し、「インターネット上で事業の売り手と買い手をつなぐ、日本初の中小企業専門の投稿型M&Aプラットフォーム」を起業した。高橋さんも後述の小友さん同様、家業のメーカー社長と東京のベンチャー企業社長を兼務するパラレル経営者である。

高橋聡さんは1977年長野市生まれ。長男なので「将来は会社を継ぐように」といわれて育った。高橋さんの実家は1971年に創業のアスク工業株式会社で、1970年代からスキー板の接着に使う中間材を開発して、海外の有名スキーメーカー向けに輸出して

いた。家業が海外との取引が多かった関係で、高橋さんは高校卒業後、日本の大学ではなくアメリカ・イリノイ州にあるデュポール大学情報システム学科に留学することを選択した。アメリカ留学後は東京で大手コンサルティング会社に勤務し、通信産業など、大企業のコンサルティング業務に従事していた。

高橋さんは東京でコンサルタントとして充実した生活を送っていたが、父親の病気が発覚したことをきっかけに、29歳で長野市にUターン移住し、2005年に家業のアスク工業に入社する。長野の中小企業との取引や付き合いが始まると、そうした企業ではいまだに請求書が手書きだったり、系列や長年の慣行にとらわれていて変革するダイナミズムもなく、高橋さんは「地方経済の閉塞感《へいそくかん》」を味わったという。高橋さんのようにUターン移住をして、しかもアメリカに留学し大企業相手のコンサルタントとして働いていた場合には、地方経済の停滞度をより強く感じるようだ。

また取引先の中にはオンリーワンの技術力があっても、後継者がいないために廃業する会社が毎年3～4社あった。そうした取引先が廃業すると、同じ製品を提供してくれる取引先を新たに見つけることに苦労する。こうした状況下、高橋さんは事業の売買をするM&A（企業の合併・買収）専門会社に「新規事業の買い手」として相談にいってみたところ、「M&Aの手数料は最低でも2000万円、買収規模も2億から5億円」といわれ、高橋さんは「中小企業では、とてもM&Aを経営戦略として使えない」と悟ったという。

この経験から高橋さんは「廃業を考えている多くの中小企業を救う仕組みを創れないか」と考え、「インターネット上で事業の売り手と買い手をつなぐ、中小企業専門のM&Aプラットフォーム」を2011年にアスク工業の新規事業として、社長自ら取り組んだ。アスク工業は新規事業に積極的に進出しており、すでに社内に通販事業があったため、サイト構築もすぐにできた。また通販事業の担当者がM&Aマッチング事業の窓口を兼務して助けてくれたという。

高橋聡さん（本人提供）

高橋さんは中小企業のM&Aマッチングビジネスをインターネットで展開するにあたり、アメリカで既にあった、「売り手が広告費用を負担するビジネスモデル」ではなく、「売り手の登録は無料にし、買い手から成約代金の一部を手数料として受け取るビジネスモデル」を採用した。なぜならば、日本ではまだまだ会社の売買が一般的ではなく、廃業を考える日本の中小企業のオーナーに気軽にサイトに登録してもらいたいと考えたからだ。また売り手は経営に余裕がないケースが多く、買い手は経営状態が良く資金的に余裕があるので、このスキームを採用したことは賢明な判断といえる。

社長の高橋さん自ら5年間、地道な営業努力を続けた結果、M&Aプラットフォームの登録ユーザーは1000名を超え、一日の問い合わせ件数も10件程度になった。そこで2016年にM&Aマッチング事業を分社化して、東京に事務所を設けることにした。分社化して東京に事務所を設けた理由は、「なぜ長野市のアスク工業が、M&Aマッチング事業をやっているのか」と聞かれることが多かったことと、今後の事業成長のためにはM&A関連の法務、財務、システム開発など、専門的な知識があるスタッフが必要で、東京のほうが人材の確保がしやすかったためである。

中小企業の事業承継問題が徐々に社会問題として認識されはじめ、2017年に日本銀行金融高度化センターのワークショップで高橋さんは講師を務めた。このことをきっかけに金融機関との提携が進み、ユーザー数も5000人を突破する。その後2018年には「Transform your business」を略した「トランビ」と社名変更した。2018年版中小企業白書でトランビが紹介され、「中小企業専門のM&Aプラットフォーム」としての認知がさらに進んだ。そして2018年8月にトランビは約11億円の資金調達を実施し、SBIインベストメントなどのベンチャーキャピタルや同業のM&A仲介会社7社からの出資を受けた。ここで驚くのは、同業のM&A仲介会社7社からの出資を受けていることである。

この点について高橋さんは、「トランビが手掛けているのは、買い手と売り手のマッチングができるサービスです。既存のM&A仲介会社も相手探しの際、自社以外のネットワークの一つとしてご利用いただいています。すなわち競合ではなく補完関係にあるのです」と説明する。

「インターネット上で売り手と買い手がオープンに取引する、中小企業専用のM&Aマッチングサイト」という一見途方もないアイディアは、売り手買い手ともに受け入れられ、２０２０年３月現在、登録ユーザー数は５万人を突破し、提携金融機関は２００行、提携M＆A専門家は１３０社を超え、「日本最大級のM＆Aプラットフォーム」に成長した。トランビでは、売り手と買い手のマッチングがインターネット上で行われるため、成約にかかる時間もコストも大幅に削減でき、双方にメリットがある。また価値ある事業の発掘を目的にトランビを利用する人が多く、たとえ債務超過の会社であっても買い手が現れることがある。

「新規に起業して10年後も会社が生存するのは、１００社のうち６社程度、つまり６％といわれています。でもM＆Aの場合の生存率は、自分の経験からして60％くらいまでは跳ね上がります。それだけ事業承継は成功する確率が高いのです。一つはゼロからのスタートではないことと、また買い手は新しいビジネス展開の可能性を見出しているからこそ買うからです」と高橋さんは主張する。アメリカでは中小企業のM＆Aは当たり前だが、日本では「会社を売るのは恥」という文化的な障壁がまだある。高橋さんは『会社は売れるもの、買って挑戦できるもの』という意識を日本にも浸透させたい」という。

海外や都会での生活を経験したUターン移住者である高橋さんが、地方で発想した「中小企業のM&Aプラットフォーム」というニッチなビジネスは、「2025年までに127万社の中小企業が後継者不足で廃業する可能性」（経済産業省の調査結果）がある日本経済の新陳代謝を高めることに貢献するビジネスである。またトランビは、都会のビジネスパーソンに地方のビジネスをM&Aする機会を提供しており、地方移住の促進や地方経済の活性化にもつながると大いに期待される。

事例⑳　岩手の木材会社と東京のＩＴ企業をパラレル経営、デパート大食堂も再生

［岩手県花巻市　株式会社小友木材店代表取締役　小友康広《おともやすひろ》さん］

小友康広さんは東京のＩＴ企業の取締役を務めながら、岩手県花巻市にある家業の小友木材店を継いでいる「パラレル経営者」である。花巻東高校出身でメジャーリーガーの大谷翔平選手は「投打の二刀流」だが、小友さんは「経営の二刀流」を実践している。さらに地元の廃業したデパート食堂の再生プロジェクトも推進し、地域活性化にも貢献している若手経営者だ。

小友さんは１９８３年岩手県花巻市生まれ。１９０５年創業の小友木材店の四代目だ。小友木材店は現在の遠野市で創業、小友さんの祖父が花巻市に会社を移転、戦後に鉄道の発展を見込んで進出した枕木製造業で事業を大幅に伸ばした。三代目である小友さんの父親は日本国内の木材業が衰退していく中、花巻市内の製材工場跡地をショッピングセンタ

ーとして開発し、小友木材店は不動産賃貸業で安定した収益を確保した。四代目の小友さんは家業の木材会社を継ぐことに迷いはなく、明治大学政治経済学部に進学し東京のＩＴベンチャーに入社したのも、将来花巻に戻り、小友木材店を継いで発展させるために、最前線の経営理論と実践を学びたいという想いからだった。

小友康広さん（筆者撮影）

小友さんは大学卒業後の２００５年４月、社内ネットワークやコピー機などのオフィスインフラを提供するＩＴベンチャーのスターティア株式会社（現スターティアホールディングス株式会社）に入社した。最初は他社開発の電子ブック作成ソフトの営業からスタート。電子ブック作成ソフトの自社開発を始めた同年12月からは、営業活動に加えてソフト開発も担当し、猛烈に働く日々を送った。そして自社開発した電子ブックソフトの販売で実績をあげた結果、小友さんは２００９年には子会社化されたスターティアラボの執行役員となり、２０１１年には取締役に就任した。

ところが２０１２年に父親のガンがわかり、いずれ花巻に帰ることを考えていた小友さんは会社に辞表を提出した。するとスターティアの創業者で最高経営責任者である本郷秀之氏から「月の３分の１くらい、スターティアラボの仕事もできないか？」と提案されたという。一旦は固辞したものの、本郷氏からの熱い説得を意気に感じて、結局２つの事業をパラレル経営することを決心する。小友さんは月の３分の１を東京のＩＴ企業で取締役として働き、残りは主に花巻に滞在して、家業の木材会社を経営、さらに花巻のエリアリノベーション・プロジェクトにも関わるようになる。

小友木材店の木材事業は先代の経営時には赤字だったが、現在は黒字化している。山から切り出した木材を主に製紙会社に丸太のまま販売する一方、銘木となるような木材はオークション経由で高く売り、薪ストーブの燃料に向いている樹種は燃料として販売している。小友さんは林業の6次産業化（第1次産業が加工・販売も行うこと）に積極的に取り組み、机の上に置いて立って仕事ができるようにする木製スタンディング・デスクや、自分で組み立てる椅子の木材キットなどの新商品を開発し、クラウドファンディングやオンラインストアを通じて販売している。近年は円安で輸入木材の価格が高くなっているため、国内産木材も価格競争力があり、小友さんは「しっかり経営すれば、木材業は儲かるビジネス。小友木材店を世界一カッコいい木材会社にしたい」と語り、地域で木に親しみ木の文化を学ぶ「木育」にも力を入れている。花巻市の幼稚園児の父母から「木製の椅子を幼稚園に寄付したいから作ってほしい」という要望を受けた際には、親子で木の椅子を作るワークショップを開催して、「モノではなく体験」を販売した。

さらに小友さんは地元で愛されていた「マルカン大食堂」の再生プロジェクトも主導した。「マルカン大食堂」とは、地元資本のマルカン百貨店の6階にあったデパート食堂で、全国的にも珍しい高さ25センチのソフトクリームで有名である。このソフトクリームを割り箸で食べるのが花巻の人の流儀だ。このソフトクリーム以外にも150種類を超える豊富なメニューや、昭和の雰囲気を色濃く残した「マルカン大食堂」は、親子三代で記念日に訪れたり高校生が部活帰りに寄ったりするような、花巻市民にとって心のよりどころとなるデパート食堂であった。

マルカンビル全景（小友さん提供）

しかし2016年3月にマルカン百貨店は、建物の老朽化と耐震基準に不適合ということを理由に閉店を発表した。「マルカン大食堂」の存続を望む地元の高校生たちは、約1万人の署名を集めて存続を訴えた。当時、小友さんは仲間とともに「花巻家守舎」というエリアリノベーション団体を立ち上げて、花巻駅周辺の遊休不動産をリノベーションしながら、街に新しいビジネスを呼び込むことを手掛けていた。小友さんはマルカン百貨店の経営陣に「マルカン大食堂」を含むマルカンビルの運営引継ぎを申し出て、6月にマルカンビルの再生プロジェクトを手掛ける「上町家守舎」を新しく立ち上げた。そしてマルカンビルへのテナントを募ると、すべての階が埋まるほど入居希望者があったが、ビルの用途変更のためにかえって改修費がかさみ、約4億円と見積もっていた費用が6億円にもなることがわかった。そこで「1階の店舗と6階の大食堂のみの改修にとどめ、他の階には手を付けず、耐震工事を延期する」計画に変更すると、改修費用は3億円弱まで抑えることができた。

一方、この再生プロジェクトには明確なタイムリミットがあった。高さ25センチのソフトクリームを作れる食堂スタッフは2名しかおらず、また150を超えるメニューを560席以上の広い食堂に迅速に提供できるのも、今のマルカン大食堂のスタッフ以外では難しい状況だったからだ。マルカン百貨店の閉店にともない食堂スタッフも全員解雇となったが、失業保険が支払われている半年間よりも食堂の再生が遅くなれば、食堂スタッフも他の職場に移ってしまう可能性が高い。それでも小友さんたちの「上町家守舎」の説得で、半数以上の食堂スタッフが残ってくれていた。そして資金面では地元の4つの金融機関から1億円と、財団法人地域総合整備財団から6600万円の無利子のふるさと融資を受け、さらにクラウドファンディングや寄付、マルカン大食堂関係のグッズ販売などで、なんとか改修費用と運営資金を調達することができた。

こうして一度閉店した「マルカン大食堂」は、小友さんたちの上町家守舎が運営する「マルカンビル大食堂」として２０１７年２月に再生し、連日１０００人を超える老若男女が懐かしい食堂メニューを楽しんでいる。延期していた耐震工事も行政の補助金を活用して２０１９年３月に無事終了した。この再生プロジェクトは、単なるノスタルジアから「このデパート食堂を残そう」と救済資金を募ったのではなく、「再生したデパート食堂が持続可能な形で、この先も運営できるようにした」点が素晴らしい。この再生劇の経緯は北山公路著『マルカン大食堂の奇跡』（双葉社）に詳しい。

そして小友さんは、再生したマルカンビルの2階に「花巻おもちゃ美術館」を２０２０年７月にオープンした。これは０歳から１００歳までの多世代が楽しめる「体験型木育施設」で、美術館の内装、家具、おもちゃは主に岩手県産の木材を使用し、岩手県内の職人の手によるものである。「花巻おもちゃ美術館」は「小友木材店のショールーム」という位置づけで、小友木材店が総工費約2億円をかけて設立し、月々の賃料も80万円支払っている。今後「花巻おもちゃ美術館」は「マルカンビル大食堂」とともに、花巻の中心部に観光客や家族連れを呼び込むキラーコンテンツになるだろう。

花巻おもちゃ美術館（小友木材店提供）

花巻の木材会社社長と東京のＩＴ企業取締役、さらに地元のマルカンビルを再生する会社の社長も「複業」する小友さんは、まるでスーパーマンのように思える。しかし実際に小友さんを取材すると、礼儀正しく柔らかな物腰の好青年だ。小友さんは「誰もやっていないことや、過去に誰かが失敗したことに挑戦する時が一番燃えます。つまり『自分はユニークな存在だ』と感じることで、それが一番大切にしている価値観です」と語る。小友さんのこの価値観は、第1章で述べた「存在欲求」そのものだ。

また3つの仕事を「複業」する理由について小友さんは、「経営者として、本業以外にプラスαで何か新しいことにチャレンジすることを常に心がけています」という。「プラスαで何か新しいことにチャレンジすること」は、産業構造の変化に対するリスクを軽減すると同時に、次の成長のスパイラルにつながるきっかけになるのだ。

花巻の木材会社と東京のＩＴ企業をパラレル経営し、さらに廃業した地元のデパートビルを持続可能なビジネスモデルに転換して地域活性化に貢献する小友さんは、若い世代による事業承継と地方創生のロールモデルである。

おわりに

"Learn to unlearn"

この本を執筆中に、“Learn to unlearn”という言葉に出会った。unlearnとは「学ばない」という意味ではなく、「今まで学んできたことや習慣を捨てること」である。地方移住では環境が大きく変わり、今までの価値観を転換できるのでunlearnの機会となる。

1899年（明治32年）に小諸義塾の英語教師として信州・小諸に移住した島崎藤村は、『千曲川のスケッチ』の序文で、以下のように記している。

「もっと自分を新鮮に、そして簡素にすることはないか」

これは私が都会の空気の中から脱け出して、あの山国へ行った時の心であった。私は信州の百姓の中へ行って種々《いろいろ》なことを学んだ。田舎教師としての私は小諸義塾で町の商人や旧士族やそれから百姓の子弟を教えるのが勤めであったけれども、一方から言えば私は学校の小使からも生徒の父兄からも学んだ。到頭《とうとう》七年の長い月日をあの山の上で送った。私の心は詩から小説の形式を択《えら》ぶように成った（『千曲川のスケッチ』の序より）。

私は前著『衰退産業でも稼げます「代替わりイノベーション」のセオリー』（新潮社）でもこの一節を引いて、私自身の地方移住時の心境を説明した。つまり島崎藤村も私も、“Learn to unlearn”という同じ想いで、都会を脱出して信州に移住したのである。

この本の取材で出会った方々は、IターンやUターンにとどまらず、様々な理由で地方移住したが、常に自分をアップデートする、すなわち継続的にunlearnをしている人たちが多い。都会で学んで働いて経験したことを地方で活かすだけでなく、常に何か新しいチャレンジをしている。そういう人たちが地方で新しい未来を切り開き、地域の活性化につながり、その存在が地域を魅力的にして、また新たな移住者たちを呼び寄せているのだ。

本書の執筆にあたり、お忙しい中、取材に応じていただき、移住の経緯や生活、仕事の細かいことまで答えていただいた方々には、心からお礼を申し上げたい。また「週刊エコノミスト」編集部の藤枝克治編集長と黒崎亜弓氏にもお礼を申し上げる。お二人を通じて担当した「週刊エコノミスト」２０２０年５月５日・12日合併号の特集記事「地方での新しい働き方」がなければ本書は世に出ていない。藤枝編集長にはその後、毎日新聞出版の八木志朗氏を紹介いただき、また黒崎氏には特集記事執筆時において、「コロナ自粛の影響」を考える視点を与えていただいた。

本書の構想や原稿に的確なアドバイスをしてくれた夫、藻谷俊介にも心から感謝の意を示したい。この本の取材で感じたことは、地方移住した方々の夫婦仲が良いことだった。人生の旅は夫婦や家族と楽しみながら、そして様々な困難を一緒に乗り越えて生きていくことだと再認識した。最後に、本書の校正を手伝ってくれた長男、藻谷悠介にも感謝したい。私の論旨の甘さなどを厳しく指摘してくれた。「老いては子に従え」を肝に銘じて、残りの人生を過ごしたい。

「自分で主体的に、住む場所を選択して働く」地方移住は人生の大きな決断である。その決断と実践に、本書が少しでも役立つことがあれば、筆者としてこれ以上の幸せはない。

2020年9月

藻谷ゆかり

主要参考文献

本田直之『脱東京　仕事と遊びの垣根をなくす、あたらしい移住』毎日新聞出版、2015年
米田智彦『いきたい場所で生きる　僕らの時代の移住地図』ディスカヴァー・トゥエンティワン、2017年
神野直彦　『「人間国家」への改革　参加保障型の福祉社会をつくる』NHK出版、2015年
濱口桂一郎『働く女子の運命』文春新書、2015年
ダニエル・ピンク『フリーエージェント社会の到来―「雇われない生き方」は何を変えるか』ダイヤモンド社、2002年
「週刊エコノミスト」2020年5月5日・12日合併号『地方での新しい働き方』毎日新聞出版、2020年
田村陽至『捨てないパン屋』清流出版、2018年
麓幸子『地方を変える女性たち　カギは「ビジョン」と「仕組みづくり」!』日経BP社、2018年
つるけんたろう『0円で空き家をもらって東京脱出!』朝日新聞出版、2014年
高橋総『会社は、廃業せずに売りなさい　後継者不在の問題は、ネットで解決!』実業之日本社、2018年
北山公路『マルカン大食堂の軌跡　岩手・花巻発!　昭和なデパート大食堂復活までの市民とファンの1年間』双葉社、2017年
「全酪連会報」2020年1月号　酪農とのかけはし第23回伊那酪ヘルパー組合酪農ヘルパー「伊那谷の酪農家とこの地に住む皆様が持続的に暮らすその一助として　澤西良和さん」
『2018年版中小企業白書』341ページ 事例2-6-10　株式会社トランビ「M&AマッチングサイトTRANBIを運営する企業」
空と緑のくらし店　Soramido　ソラミドインタビュー2019・6・7「北欧のような町・佐久穂町のウェルカ

ムセンターとして」https://www.soratomidori.jp/4663/
新潟県ホームページ　知事政策局地域政策課　第1回　地域おこし協力隊と地域住民インタビュー（諸岡龍也さん／妙高市地域のこし協力隊）https://www.pref.niigata.lg.jp/sec/chiikiseisaku/1356903071967.html
キャンプファイヤー「人生に選択肢を。Ｉターンで始める小さなカレー屋プロジェクト」https://camp-fire.jp/projects/view/249321
SMOUT移住研究所　２０１８・８・10 移住のハードルが、どうしたら下がるのかを考え続けた。「LODEC Japan 合同会社」代表・たつみかずきさんが目指すのは、棲家も生業も自由に選択できる未来 https://lab.smout.jp/area_japan/nagano/oomachi-shi/interview-tatsumi-kazuki-478
QUALITIES 九州のいいヒト、いいコト、いいシゴト 外資系コンサルから「ブラックモンブラン」の会社へ 竹下製菓5代目が語る、〝九州で働く〟ということ　２０２０・06・09 https://qualities.jp/article/takeshitaseika
カウテレビジョン 社長室インタビュー 社長室１０１「竹下製菓株式会社 竹下真由社長」http://www.cowtv.jp/channel/boss/532takeshita/01.php
日経ＢＰ総研　新・公民連携最前線　ＰＰＰまちづくり リノベで復活、花巻市で人気のマルカンビル大食堂　閉店した老舗百貨店を活用した「リノベーションまちづくり」https://project.nikkeibp.co.jp/atclppp/PPP/434167/032600100/?ST=ppp-print

●著者紹介

藻谷ゆかり（もたに・ゆかり）

1963年横浜市生まれ。東京大学経済学部卒業後、金融機関に勤務。1991年ハーバード・ビジネススクールでMBA取得。外資系メーカー2社勤務後、1997年にインド紅茶の輸入・ネット通販会社を起業、2018年に事業譲渡。2002年に家族で長野県に移住。現在は「地方移住×起業×事業承継」を支援する「巴創業塾」を主宰。著書に『衰退産業でも稼げます「代替わりイノベーション」のセオリー』（新潮社）がある。

コロナ移住《いじゅう》のすすめ
2020年代《ねんだい》の人生設計《じんせいせっけい》

第一刷 二〇二〇年 九 月三〇日
第二刷 二〇二一年十一月二〇日

著 者 藻谷《もたに》ゆかり

発行人 小島明日奈
発行所 毎日新聞出版
〒一〇二-〇〇七四 東京都千代田区九段南
一-六-十七 千代田会館五階
〔営業本部〕 〇三-六二六五-六九四一
〔図書第二編集部〕 〇三-六二六五-六七四六
印刷・製本 中央精版印刷

ISBN978-4-620-32653-5